RELAÇÕES
TRABALHISTAS
E SINDICAIS

COORDENAÇÃO EDITORIAL
Francisco de Assis das Neves Mendes

RELAÇÕES TRABALHISTAS E SINDICAIS

Literare Books
INTERNATIONAL
BRASIL · EUROPA · USA · JAPÃO

© LITERARE BOOKS INTERNATIONAL LTDA, 2022.
Todos os direitos desta edição são reservados à Literare Books International Ltda.

PRESIDENTE
Mauricio Sita

VICE-PRESIDENTE
Alessandra Ksenhuck

DIRETORA EXECUTIVA
Julyana Rosa

DIRETORA DE PROJETOS
Gleide Santos

RELACIONAMENTO COM O CLIENTE
Claudia Pires

EDITOR
Enrico Giglio de Oliveira

ASSISTENTE EDITORIAL
Luis Gustavo da Silva Barboza

REVISÃO
Ivani Rezende

CAPA
Victor Prado

DESIGNER EDITORIAL
Lucas Yamauchi

IMPRESSÃO
Gráfica Paym

Dados Internacionais de Catalogação na Publicação (CIP)
(eDOC BRASIL, Belo Horizonte/MG)

A848r Assis, Francisco de.
Relações trabalhistas e sindicais: teorias, estratégias e cases / Coordenador Francisco de Assis. – São Paulo, SP: Literare Books International, 2022.
112 p. : il. ; 14 x 21 cm

Inclui bibliografia
ISBN 978-65-5922-281-0

1. Direito do trabalho. 2. Sindicatos. 3. Justiça do trabalho – Brasil. I. Título.
CDD 344.81

Elaborado por Maurício Amormino Júnior – CRB6/2422

LITERARE BOOKS INTERNATIONAL LTDA.
Rua Antônio Augusto Covello, 472
Vila Mariana — São Paulo, SP. CEP 01550-060
+55 11 2659-0968 | www.literarebooks.com.br
contato@literarebooks.com.br

SUMÁRIO

7 PREFÁCIO
   Wilson Cerqueira

9 VISÃO CONTEMPORÂNEA EM RELAÇÕES TRABALHISTAS
   Francisco de Assis das Neves Mendes

23 O DIREITO DE GREVE NO BRASIL
   Eduardo Alcântara Lopes

31 O CANAL DE DENÚNCIA PARA COMBATER O ASSÉDIO NO AMBIENTE
   DE TRABALHO E OS FATORES DE PRESSÃO QUE VITIMAM O GESTOR
   Ellen Rodrigues e Belício Martins

45 ASPECTOS PRÁTICOS DO ENQUADRAMENTO SINDICAL: COMO
   FAZÊ-LO DE FORMA SEGURA E OS RISCOS DE FAZÊ-LO DE FORMA
   EQUIVOCADA
   Ivan Cesar Spadoni Junior

53 MANUFATURA AVANÇADA: DESAFIOS E OPORTUNIDADES
   Jerfeson Soprano

65 PARA UMA MELHOR RELAÇÃO SINDICAL NO DIA A DIA
   João Gazzoli

75 O ENGAJAMENTO DO JURÍDICO PARA O SUCESSO DOS PROJETOS E
   METAS DENTRO DO ECOSSISTEMA DE NEGÓCIOS
   Laira Beatriz Boaretto

89   A COOPERAÇÃO COMO ELEMENTO CENTRAL E ESTRUTURAL DOS SISTEMAS ECONÔMICOS BEM-SUCEDIDOS
Marcelo Sartori

103   O IMPACTO DO ESOCIAL NAS ÁREAS DE SAÚDE E SEGURANÇA DO TRABALHO
Viviane Thomé de Souza

PREFÁCIO

A nossa estrutura sindical, baseada na Unidade Sindical, precisa ser modernizada e esperamos que isso aconteça o mais breve possível.

Devemos levar também em conta o excesso de legislação, tanto na esfera do Direito Individual, bem como do Direito Coletivo, que inibe a evolução e a modernização das relações entre sindicatos e empresas.

Outro aspecto que precisa evoluir é o poder da justiça que, além do seu papel conciliador/mediador, arbitra, estabelecendo concessões que, muitas vezes, não atendem nem os interesses dos trabalhadores nem o dos empregadores.

Outro ponto importante a ser ressaltado é que os nossos gestores de RH, de RT e de Relações Sindicais necessitam de literatura técnica que possa transmitir aprendizado decorrente de experiências, como também orientações adequadas, para que ocorra uma evolução nas relações sindicais.

Existe um vazio de livros nessa área e vejo com muito bons olhos a iniciativa do Francisco de Assis Mendes e dos profissionais coautores que permitiram a criação desta obra sobre Relações Trabalhistas e Sindicais.

O nosso objetivo é orientar como administrar os conflitos, estabelecendo relações saudáveis entre o capital e o trabalho.

Acredito que este livro irá contribuir, significativamente, para os profissionais que atuam na área sindical e para todos que se interessam por esse assunto.

Wilson Cerqueira

1

VISÃO CONTEMPORÂNEA EM RELAÇÕES TRABALHISTAS

Neste capítulo, abordaremos uma visão contemporânea da área de Relações Trabalhistas, apresentando estratégias e ações necessárias para ajudar a transformar o *mindset* tradicional em um *mindset* estratégico dos profissionais dessa área, passando a atuar em estratégias que agreguem valor ao negócio das empresas, a partir do desenvolvimento de lideranças humanizadas, comunicação interna integrada, ações de *endomarketing*, ouvidoria sindical, canal de ética, inteligência sindical para gestores e negociação ganha-ganha.

FRANCISCO DE ASSIS DAS NEVES MENDES

Francisco de Assis das Neves Mendes

Doutorando em Ciências Empresariais e Sociais, pela UCES da Argentina; mestrado em Estratégias Empresariais, pelo ISG de Portugal, e intercâmbio na LAL School, na Inglaterra. MBA em Gestão Empresarial, pela Universidade de São Paulo e MBA em Transformação Digital e Futuro dos Negócios. Administrador com especialização em Gestão de RH pela Universidade Cândido Mendes do Rio de Janeiro, Direito do Trabalho & Previdenciário pela PUC-MG, e Relações Sindicais e Trabalhistas pela WCCA Consultoria. Sólida experiência em Gestão de RH, Relações Trabalhistas e Sindicais, *Compliance* Trabalhista, Gestão de Projetos e Sistemas de Informações, com carreira desenvolvida em indústrias multinacionais de grande porte. Também atua como professor de pós-graduação, palestrante, treinador, pesquisador e escritor. Treinou mais de 500 pessoas em Relações Trabalhistas e Sindicais entre gestores de RH, profissionais de RH, gestores de fábrica, jurídico e alunos de pós-graduação. Foi palestrante no CONARH/IBC 2019 (maior congresso de Gestão de Pessoas da América do Sul), com a palestra "Gestão do RH 4.0"; e no Fórum Nacional de Relações Trabalhistas e Sindicais da Corpbusiness, com a palestra "Os Impactos da Indústria 4.0 no Mundo do Trabalho". Coautor dos livros *Autoconhecimento e Empoderamento, Liderando Juntos, Otimizando Relações, Passou... e Agora?, Coletânea Literare Books* e coordenador editorial do livro *Gestão do RH 4.0*. Premiação "Melhores Grandes Empresas para se Trabalhar do Brasil", em 2014, pelo Instituto Great Place to Work / Revista Época e Prêmio Ser Humano da ABRH Brasil.

Contatos
fassisnm@yahoo.com.br
Facebook: Francisco de Assis Mendes
Instagram: @francisco_assis_mendes

> *Devemos promover a coragem onde há medo, promover o acordo onde existe conflito e inspirar esperança onde há desespero.*
> NELSON MANDELA

Introdução

As revoluções industriais ao longo das décadas provocaram disrupção no mundo do trabalho, impactando na forma como empresas e empregados se relacionavam no ambiente de trabalho, gerando desafios e oportunidades de construção de regramentos legais para disciplinar as relações de trabalho, o que incitou a criação da área e/ou do profissional de relações trabalhistas e sindicais. No mundo atual, surgiram novamente grandes desafios e oportunidades nas relações de trabalho, provocando a necessidade de repensar a visão e a atuação dos profissionais de relações trabalhistas e sindicais, buscando ações mais estratégicas e ampliando seu foco de atuação. Neste capítulo apresentaremos algumas ações que consideramos contemporâneas e estratégicas para uma atuação mais ampla do profissional de relações trabalhistas.

Liderança humanizada

A primeira estratégia que abordaremos é o desenvolvimento de liderança humanizada como premissa para criação de um ambiente de trabalho mais harmonioso e repleto de confiança entre líderes e liderados, possibilitando a eliminação de queixas não estruturais dos times de trabalho.

Nas diversas interações com dirigentes sindicais e colaboradores do chão de fábrica (principalmente), evidencia-se que as grandes reclamações a respeito das relações de trabalho provêm da relação entre líderes e liderados, principalmente nos níveis mais baixos de gestão, em que, muitas vezes, o gestor prioriza os processos em detrimento do cuidado com as pessoas; quando isso acontece de forma habitual, ocorre ruptura nesse relacionamento.

A liderança humanizada é o primeiro passo para construção de uma visão mais contemporânea das relações trabalhistas, pois líderes humanizados cuidarão dos seus times como se fossem um pastor com seus rebanhos, sempre buscando as melhores condições e caminhos para conseguir atingir os objetivos comuns de forma respeitosa e harmoniosa.

Em lugares onde impera a liderança humanizada, existe um verdadeiro espírito de camaradagem entre líder e times de trabalho, prevalecendo nos relacionamentos de trabalho o respeito, a cordialidade, a transparência e o companherismo, e isso provocará, em seus liderados, o orgulho de pertencimento e o engajamento, fortalecendo a confiança entre as partes, sendo que, em lugares onde há confiança entre líderes e liderados, desenvolvem-se times positivos e, onde existem times positivos, não há a necessidade de o sindicato intervir, pois percebem que o líder está cuidando com maestria de seus liderados.

Segundo Sinek (2019), "a criação de times positivos inicia-se em construir um mundo no qual as pessoas acordem todas as manhãs inspiradas para ir ao trabalho, sintam-se seguras enquanto desempenham suas funções e voltem para casa realizadas pelo que fizeram".

Segundo Hunter (2006), "liderar significa conquistar as pessoas, envolvê-las de forma que coloquem seu coração, mente, espírito, criatividade e excelência a serviço de um objetivo".

Quando o relacionamento entre o líder e o time de trabalho não está harmonioso, começa-se a deteriorar a confiança e passa-se a construir muros, sendo que, em momentos de insatisfação do time de trabalho, automaticamente, procurarão o sindicato em vez de procurar a liderança.

A liderança humanizada pressupõe a valorização do ser humano, na qual as pessoas serão tratadas com respeito, reconhecimento, camaradagem, transparência e imparcialidade, sendo construído um ambiente com confiança e harmonia para que se sintam felizes e engajadas em colocar todo seu talento e potencial para a conquista de objetivos comuns.

Atitudes simples no dia a dia do líder para com o time de trabalho fazem uma enorme diferença e geram poder de ambientação e relacionamento positivo entre as partes, como: dar bom-dia individualmente, chamar pelo nome, parabenizar no dia do aniversário, ser transparente na comunicação, agir com justiça e meritocracia, reconhecer no momento quando a pessoa fez algo positivo, parabenizar por uma conquista pessoal, servir a pessoa quando ela está precisando de apoio moral, entre outros.

Maxwell (2008) afirma que "todos nós gostamos de ouvir coisas boas a nosso respeito. Todo mundo acha ótimo ser apreciado. No entanto, muita gente não recebe um retorno positivo ou manifestações de apoio no trabalho".

Em ambientes e times de trabalho em que a liderança atua de forma humanizada, constroem-se pontes com as pessoas, sendo o líder um maestro que busca harmonizar diariamente seus times de trabalho e, nesses ambientes, automaticamente, florescerá a confiança e, onde há confiança entre liderança e times de trabalho, não haverá necessidade de pessoas buscarem apoio do Sindicato, pois o líder atuará como pastor, servindo e cuidando do seu rebanho.

Ambientes saudáveis

A segunda estratégia que abordaremos é a construção de ambientes saudáveis, nos quais as necessidades estruturais dos times de trabalho são plenamente atendidas, a partir da preocupação diária da gestão em fornecer condições estruturais de trabalho que atendam a necessidade das equipes.

Em nossa experiência profissional em relações trabalhistas e sindicais em indústria multinacional de grande porte, bem como em grupos de estudos com outros profissionais a nível de Brasil, percebeu-se que fatores de insatisfação estruturais são munições estratégicas para dirigentes sindicais gerarem pressão e barulho nas empresas, e isso é mais amplificado onde não existe um modelo de liderança humanizada.

Voltando para a discussão dos aspectos estruturais que causam insatisfação nos times de trabalho, principalmente no chão de fábrica, verificou-se que as principais demandas desses trabalhadores estão relacionadas a queixas de: alimentação, transporte, banheiros, refeitórios, transporte coletivo, bebedouros, garrafas de café, climatização e outros. Percebe-se que são demandas simples, que podem e devem ser resolvidas pelo gestor imediato. No entanto, o que acontece muitas vezes é que o membro do time de trabalho procura o gestor para relatar determinada insatisfação e o gestor não dá a atenção devida, colocando-a em segundo plano. Quando isso se tornar habitual, as pessoas do time de trabalho deixam de procurar o gestor e passam a procurar o sindicato, o qual dará a atenção devida e, não só isso, também amplificará na fábrica essa insatisfação, gerando uma ação imediata da direção para resolução do problema. Quando isso ocorre, o sindicato se fortalece naturalmente com as pessoas e, em contrapartida, há um enfraquecimento do gestor.

Para mudar o panorama mencionado, o gestor tem que incluir em sua agenda estratégias e ações para eliminar as insatisfações estruturais vindas do seu time de trabalho, buscando junto às áreas responsáveis soluções imediatas e, quando não for possível, deve-se elaborar um plano de ação e compartilhar com seu time de trabalho; além disso, dependendo do contexto, também compartilhar com os representantes sindicais que atuam na fábrica.

Quando o gestor mostra interesse e ação para resolução das insatisfações estruturais demandadas por seu time trabalho, sua credibilidade aumenta e, consequentemente, há um fortalecimento da confiança entre líder e liderados. Isso, somado ao modelo de atuação do gestor baseado na liderança humanizada, torna quase impenetrável a entrada do dirigente sindical nesse ambiente de trabalho.

Inteligência sindical para gestores de fábrica

A terceira estratégia é a capacitação dos gestores em inteligência emocional, escuta ativa e comunicação não violenta, de forma que possam construir relacionamentos de longo prazo com dirigentes sindicais, primando pela negociação, e jamais pelo conflito.

O fortalecimento das habilidades citadas anteriormente ajudarão os gestores de fábricas a saber lidar com representantes sindicais de forma assertiva em momentos de pressão e estresse, lembrando que os sindicalistas são superpreparados para atuar na zona emocional, de forma que, em momentos de embates, conseguem tirar os gestores da zona da razão e levar para zona emocional, buscando desestabilizar o controle emocional dos gestores.

Quando há uma ruptura no relacionamento entre gestores e representantes sindicais, acarreta consequências muito negativas para futuras negociações, bem como no ambiente de trabalho, pois a partir do momento em que o representante sindical criar barreiras com o gestor, ele buscará minar sua credibilidade junto à sua equipe, portanto é fundamental que o gestor tenha inteligência sindical, buscando jamais construir muro nos relacionamentos sindicais, mas construir pontes diariamente. Para isso, se faz necessário fortalecer as habilidades de inteligência emocional, escuta ativa e comunicação não violenta.

Nas relações interpessoais é fundamental construir relacionamentos maduros e duradouros, pois, em muitos casos, excelentes profissionais estagnam suas carreiras ou são demitidos por não terem bons relacionamentos interpessoais, ou seja, falta *skill* de inteligência emocional, sendo que ela é construída a partir do desenvolvimento da autoconsciência, autocontrole, motivação, empatia e habilidades sociais.

No mundo das relações sindicais, os profissionais que atuam nas áreas de Relações Trabalhistas e Sindicais devem fortalecer diariamente sua inteligência emocional, pois estarão, na maioria das vezes, vivenciando e participando de situações de tensão e estresse. Nesse momento, é fundamental ter maturidade na habilidade de inteligência emocional, buscando sempre evitar o conflito e primar pela negociação.

Outra habilidade importante para o profissional de relações trabalhistas é a escuta ativa. O termo "escuta ativa" foi criado em 1970 pelo psicólogo clínico Thomas Gordon, reconhecido como pioneiro no ensino de técnicas de comunicação e métodos de resolução de conflitos.

A escuta ativa é uma das técnicas mais utilizadas durante a mediação e uma das ferramentas mais importantes na comunicação. Consiste em escutar atentamente o interlocutor, não só com os ouvidos, mas com todos os sentidos.

A escuta ativa é a habilidade em que as pessoas conseguem ouvir na essência a mensagem do seu interlocutor, mas para isso é necessário trabalhar algumas atitudes durante o processo comunicacional, como: a) manter o contato visual; b) praticar a empatia; c) demonstrar interesse na mensagem do interlocutor; d) fazer questionamentos sobre a mensagem; e) prestar atenção; e f) dar *feedback* ao interlocutor da mensagem.

No processo de escuta ativa, deve-se trabalhar a empatia, o ouvir sem julgamento, prestar atenção na linguagem verbal e não verbal, tom de voz e sentimentos, sendo que, para validar a mensagem, pode-se utilizar do espelhamento, ou seja, repetir exatamente o que pessoa falou e/ou resumir o que a pessoa disse, e/ou dizer, com as próprias palavras, o que você entendeu do que a pessoa falou. Essa habilidade é essencial quando nos relacionamos e dialogamos com sindicalistas, é preciso ouvir na essência e entender os motivadores pessoais durante esse processo de escuta, praticando a empatia para entender o que está encapsulado na mensagem.

Já a habilidade de comunicação não violenta pressupõe que o processo comunicacional deverá priorizar a construção de pontes, e não a construção de muros, sempre primando pelo respeito ao interlocutor e, principalmente, entendendo que todo ser humano tem virtudes e defeitos, mas que precisamos sempre focar nas virtudes.

Segundo Rosenberg, "as pessoas que parecem monstros são apenas seres humanos cuja linguagem e comportamento às vezes nos impedem de perceber a sua natureza humana".

A prática da comunicação não violenta ajudará o gestor a desenvolver uma relação mais madura e de longo prazo com dirigentes sindicais, pois focará em desenvolver um diálogo maduro, com respeito, buscando sempre o processo negocial em vez do conflito.

O fortalecimento das habilidades de inteligência emocional, escuta ativa e comunicação não violenta nos relacionamentos com dirigentes sindicais contribuirá para um processo mais negocial e de menos conflito, utilizando a razão e uma comunicação assertiva nos momentos de alta tensão e estresse, focando na construção de pontes e não na construção de muros.

Fortalecendo a comunicação interna e o *endomarketing*

A quarta estratégia que abordaremos é o fortalecimento da comunicação interna (referente às relações trabalhistas) e do *endomarketing* junto aos colaboradores da empresa e aqueles que atuam no chão de fábrica, de forma que a empresa seja mais ágil e assertiva na comunicação com seus colaboradores.

Fortalecer a comunicação interna nas organizações é fundamental para construir uma base de transparência entre a empresa e seus colaboradores. Nesse contexto, precisa-se adotar estratégias de comunicação interna, de acordo com o público-alvo que se deseja atingir, com uma linguagem assertiva e bem objetiva.

O primeiro passo no desenvolvendo de uma estratégia eficaz e eficiente de comunicação interna é mapear e classificar seu público-alvo, definindo quais são as peças e os meios de comunicação que serão utilizados; do contrário, as ações de comunicação interna não atingirão seus objetivos e correm o risco de perder a credibilidade dos colaboradores, pois, muitas vezes, as organizações não comunicam de forma assertiva com seu público-alvo.

No âmbito das relações trabalhistas e sindicais, é fundamental envolver as lideranças no processo comunicacional, sendo necessário em um primeiro momento capacitá-las nas habilidades de oratória e comunicação interpessoal, pois, se não tiverem tais habilidades, a comunicação poderá chegar aos colaboradores de forma ineficaz, gerando ruído no processo comunicacional.

Depois de definidas as estratégias comunicacionais e a capacitação das lideranças, é fundamental estruturar internamente os meios de comunicação, como: murais setoriais, murais em pontos estratégicos, *minioutdoor*, TV interativa nos refeitórios e/ou em pontos estratégicos, redes sociais e outros meios de comunicação, sendo que, no período de grandes negociações sindicais, todos os meios de comunicação devem ser usados para atualizar os colaboradores (orelha direita – razão) sobre os processos de negociação, bem como esclarecer e colocar de forma correta as possíveis *fake news* disseminadas pelo sindicato (orelha esquerda – emoção).

Em paralelo às ações e às estratégias de comunicação, é fundamental trabalhar fortemente o *endomarketing*, fortalecendo junto aos colaboradores as melhores práticas que a empresa adota na área de benefícios, políticas salariais, investimentos estruturais (transporte, banheiros, área de lazer, refeitórios e outros), ações sociais internas e externas, campanhas de prevenção da saúde e segurança do trabalho.

Enfim, quando as empresas investem fortemente na comunicação interna e nas ações de *endomarketing*, isso gera orgulho de fazer parte daquela empresa e fortalece o senso de pertencimento, enfraquecendo as ações do sindicato para persuadir os colaboradores a se voltarem contra a empresa.

Canal de ética

A quinta estratégia é a implantação do canal de ética nas organizações, para mitigar excesso nas relações de trabalho, possibilitando às pessoas que foram submetidas à comunicação violenta, discriminação, assédio moral e sexual ou qualquer tipo de excesso nos relacionamentos de trabalho, por partes dos gestores ou pares, a se manifestar. Assim, a empresa pode realizar as investigações cabíveis e tomar ações para eliminar os excessos nas relações de trabalho.

As ocorrências registradas pelo colaborador no canal de ética, será recolhida pela área de Governança Corporativa para disparar uma sindicância à área de Relações Trabalhistas.

A área de Relações Trabalhistas executará a sindicância interna, realizando as oitivas com as testemunhas (quantas achar necessárias) e, por fim, elaborará um resumo das oitivas, materializando evidências dos fatos ocorridos e enviando seu relatório para o comitê de ética da empresa, o qual proferirá a decisão mais adequada, baseada nos fatos apurados, sempre primando por decisões éticas e imparciais.

A implantação do canal de ética gera um movimento interno de respeito nas relações de trabalho entre todos os níveis da organização, reduzindo drasticamente casos de assédio moral e sexual, pois todos ficam cientes na empresa que a tolerância é zero para casos de excesso nas relações de trabalho. Em paralelo à implantação do canal de ética, é fundamental a disseminação da importância do comportamento ético dentro da organização. Esse movimento é fortalecido com ações de *workshop* sobre assédio moral e sexual, ética e responsabilidade social, reforço do regulamento interno e treinamento de liderança humanizada.

Ouvidoria sindical e comitê de relações trabalhistas

A sexta estratégia é a implantação da ouvidoria sindical e do comitê bimestral de relações sindicais, que tem como foco antecipar-se à amplificação de queixas estruturais e não estruturais pelo sindicato, bem como dar a importância devida às demandas sindicais pela alta direção, por meio do comitê de relações sindicais.

Dependendo do contexto de cada organização, a ouvidoria sindical interna pode ser feita em duas frentes: 1ª) ouvidoria semanal com dirigentes sindicais; 2ª) ouvidoria semanal no chão de fábrica.

A ouvidoria semanal com dirigentes sindicais é importante para fortalecer o relacionamento da área de relações trabalhistas com os representantes sindicais, bem como para mitigar a amplificação que o sindicato poderia dar em determinadas queixas. É fundamental que essa reunião semanal seja formalizada em ata e as demandas colocadas em PDCA, a fim de que o profissional de relações trabalhistas leve as demandas para os gestores das áreas impactadas e, juntos, tracem um plano de ação para eliminar ou mitigar as queixas. Depois da definição do plano de ação, é essencial o *feedback* evolutivo do *status* de cada ação traçada para com o representante do sindicato; caso contrário, perde-se a credibilidade dessa estratégia.

Outra estratégia é a ouvidoria pelo RH ou RT uma vez por semana, direto com os colaboradores no chão de fábrica. Esse tipo de estratégia serve para se antecipar ao encaminhamento de queixas dos colaboradores ao sindicato, atuando de forma mais preventiva. Acredito que, quando as empresas possuem gestores preparados, praticando o modelo de liderança servidora e humanizada, não há necessidade de implementar essa estratégia. Quando as empresas possuem lideranças focadas em cuidar e servir as pessoas, não há espaço para insatisfação.

A estratégia de Comitê Bimestral de Relações Sindicais serve para valorizar a área de relações trabalhistas junto à alta direção e para compartilhar as insatisfações estruturais e não estruturais do chão de fábrica, a fim de que tenham consciência da percepção dos colaboradores em relação ao ambiente de trabalho, de forma mais ágil e objetiva, do que a famosa pesquisa de clima organizacional. Os encontros do comitê servem também para a direção da empresa apoiar estratégias e ações de melhoria no ambiente de trabalho, visando o fortalecimento da gestão setorial.

Processo de negociação ganha-ganha

A última estratégia é a implementação do método de negociação baseado nos princípios de negociação de Harvard, o qual pressupõe o foco no objetivo e no processo, e não nas pessoas.

O método de negociação de Harvard é baseado em negociação por princípios com foco nas relações de longo prazo e em resultados ganha-ganha. Os princípios do método de negociação de Harvard são baseados em sete elementos: 1. interesses; 2. opções; 3. critérios; 4. alternativas; 5. compromissos; 6. comunicação; 7. relacionamento.

Para Lewicki, Saunders & Barry (2014), "a negociação é o processo pelo qual duas ou mais partes tentam resolver interesses opostos, sendo a negociação um dos vários mecanismos pelos quais as pessoas resolvem conflitos".

As negociações sindicais são extremamente estratégicas para as organizações, para os sindicatos e para os colaboradores, devendo ser trabalhadas com grande ênfase no planejamento e nos relacionamentos sindicais. Dessa forma, é necessário pensar em negociações de longo prazo, buscando construir relacionamentos maduros e duradouros com as partes envolvidas, primando por processos de negociações ganha-ganha.

Para Sander (2020), "quando os dois lados ganham e satisfazem alguns de seus objetivos, necessidades e desejos a partir da negociação, então, o processo se torna mais rápido, fácil e geralmente melhor para todos".

Já para Fisher, Ury & Patton (2005), "em contraste com a barganha posicional, o método da negociação baseada em princípios, concentrando-se nos interesses básicos, nas opções mutuamente satisfatórias e em padrões imparciais resulta, tipicamente, em acordos sensatos".

Segundo Weiss (2018), "diante das poucas soluções que restam, é hora de avançar rumo ao acordo final. Faça isso empregando a sua alternativa certificando-se de que o que está na mesa é o melhor. Então, assuma cuidadosamente seus compromissos para que o acordo seja viável para todos".

Negociar com base na visão ganha-ganha constrói com sindicatos relacionamentos de longo prazo e fortalece a confiança, independente das posições contraditórias nas mesas de negociação, pois a maturidade do processo ao longo dos anos contribuirá para que empresas e sindicatos consigam atingir seus objetivos, sem degastar os relacionamentos interpessoais.

Considerações finais

Considerando que estamos vivendo em um mundo disruptivo, onde a inovação contínua é um pressuposto para o sucesso nas carreiras e nos negócios, e que atuar nesse novo mundo requer de todo profissional uma mudança de *mindset* – saindo de um pensamento cartesiano e tradicional para um pensamento disruptivo e de aprendizado contínuo, se colocando aberto para o novo e para as novas possibilidades, buscando sempre agregar valor com suas ações e atitudes, sendo que este é o momento do profissional de relações do trabalho embarcar em um novo mundo, cheio de desafios, oportunidades e de grandes aprendizados – pergunto: o que você está esperando para iniciar sua jornada de transformação?

Gratidão a todos e *viva la vida*.

Referências

BOCK, L. *Um novo jeito de trabalhar: o que o Google faz de diferente*. Rio de Janeiro: Sextante, 2015.

BUSH, M. C. *A great place do work for all*. São Paulo: Primavera Editorial, 2018.

CARVALHAL, E. do. *Negociação: fortalecendo o processo – como construir relações de longo prazo*. 5. Ed. Rio de Janeiro: Vision, 2010.

FISHER, R.; URY, W.; PATTON, B. *Como chegar ao SIM*. 2. ed. Rio de Janeiro: Imago Ed., 2005.

HUNTER, J. C. *Como se tornar um líder servidor: os princípios de liderança de o Monge e o Executivo*. Rio de Janeiro: Sextante, 2006.

KOFMAN, F. *Liderança & propósito: o novo líder e o real significado do sucesso*. Rio de Janeiro: Harper Collins, 2018.

LEWICKI, R. J.; SAUNDERS, D. M.; BARRY, B. *Fundamentos de negociação*. 5. ed. Porto Alegre: AMGH, 2014.

MARTINS, V. *Seja assertivo: como conseguir mais autoconfiança e firmeza na sua vida profissional e pessoa*. Rio de Janeiro: Elsevier, 2005.

MAXWELL, J. C. *O livro de ouro da liderança*. Rio de Janeiro: Thomas Nelson Brasil, 2008.

ROSENBERG, M. B. *Comunicação não violenta: técnicas para aprimorar relacionamentos pessoais e profissionais*. São Paulo: Ágora, 2006.

SANDER, P. *Tudo o que você precisa saber sobre negociação*. São Paulo: Editora Gente, 2020.

SINEK, S. *Juntos somos melhores*. Rio de Janeiro: Sextante, 2019.

WEISS, J. *Negociações eficazes: tome iniciativa, gerencia conflitos e chegue ao sim*. Rio de Janeiro: Sextante, 2018.

2

O DIREITO DE GREVE NO BRASIL

O direito de greve, regulado pela Lei nº 7.783/89, foi erigido a direito constitucional dos trabalhadores na Carta Magna de 1988. O objetivo do presente capítulo é analisar os aspectos mais relevantes do direito de greve, incluindo a definição das atividades essenciais, as garantias dos atores sociais envolvidos, assim como as limitações existentes e conceito do abuso desse direito.

EDUARDO ALCÂNTARA LOPES

Eduardo Alcântara Lopes

Sócio da área trabalhista do escritório Demarest, pós-graduado em Direito e Processo do Trabalho pela PUC-SP, atualmente cursando MBA em Gestão de Pessoas pela USP.

Contatos
ealcantara@demarest.com.br
LinkedIn: Eduardo Alcântara Lopes
Lattes: https://bit.ly/3rYlSjV
11 98761 1739

Conceito

A palavra "greve" vem do francês *grève,* que quer dizer terreno de areia, cascalho. Conta-se que, antes da canalização do rio Sena, em Paris, durante as cheias, eram depositados em gravetos e pedras em uma praça, que ficou conhecida por *place de grève*. Nessa praça costumavam se reunir trabalhadores à procura de emprego. Com o surgimento da paralisação do trabalho, os trabalhadores passaram a se reunir nessa mesma localidade. Daí o termo *grève* ser usado como sinônimo de paralisação do trabalho.

Em síntese, portanto, é possível conceituar a greve como um conflito coletivo de trabalho, consistente na paralisação dos serviços necessários à empresa, seja ela estatal ou privada. A greve tem origem na própria natureza das relações de trabalho e se desenvolve mediante o poder de representação dos sindicatos, pois é um instrumento dos trabalhadores coletivamente organizados para a busca de melhores condições de trabalho para toda a categoria profissional envolvida. A greve no Brasil é garantida constitucionalmente, tratando-se de um direito social dos trabalhadores.

Direito de greve à luz do ordenamento jurídico pátrio

Jorge Boucinhas Filho (2013), ao analisar o direito de greve no Brasil, aduz que "a Constituição consagra uma definição bastante ampla, na medida em que o direito de greve, assegurando competir aos trabalhadores decidir as oportunidades de exercê-lo e sobre os interesses que devam por meio dele defender. A norma, como se pode facilmente concluir, destina-se aos trabalhadores, gênero do qual os empregados são espécies". Prossegue o eminente jurista asseverando que "o Texto Maior delegou à lei, apenas e tão somente, a definição dos serviços ou atividades essenciais e a disciplina do atendimento das necessidades inadiáveis da comunidade.

Deixou claro, contudo, que a greve não consiste em direito absoluto e sujeitou os atos abusivos às penas da lei".

A Constituição Federal prevê em seu art. 9º que "é assegurado o direito de greve, competindo aos trabalhadores decidir sobre a oportunidade de exercê-lo e sobre os interesses que devam por meio dele defender". Portanto, devem os trabalhadores decidir sobre a oportunidade e conveniência de exercer o direito de greve.

Por outro lado, o §1º do mesmo art. 9º dispõe que "a lei definirá os serviços ou atividades essenciais e disporá sobre o atendimento de necessidades inadiáveis da comunidade". Atente-se, pois, que a lei condiciona o exercício do direito de greve em serviços ou atividades essenciais ao atendimento das necessidades inadiáveis da comunidade. Assim, a interpretação teleológica da lei é que nesses serviços ou atividades deve haver um funcionamento mínimo, a fim de possibilitar o atendimento de necessidades essenciais da população. Até porque o §2º do aludido art. 9º prescreve que "os abusos cometidos sujeitam os responsáveis às penas da lei".

A Lei 7.783/89, que regula o direito de greve, restringe aos empregados o exercício desse direito (arts. 1º e 17), consignando de forma expressa em seu art. 2º que "considera-se legítimo exercício do direito de greve, a suspensão coletiva, temporária e pacífica total ou parcial, de prestação pessoal de serviços empregados". Verifica-se, assim, que a greve legitima a paralisação coletiva do trabalho. Durante esse período, no âmbito do contrato de trabalho, somente o vínculo contratual permanece, não gerando qualquer efeito executivo.

Segundo o art. 3º da chamada Lei de Greve, a deflagração da greve está condicionada ao insucesso das negociações realizadas com o objetivo de obter a celebração da convenção ou acordo coletivo de trabalho ou verificada a impossibilidade de via arbitral. Uma implicação prática que decorre da deflagração do movimento paredista é que passa a não ser devida nenhuma remuneração aos empregados, em razão da suspensão do contrato de trabalho (Lei 7.783/89, art. 7º).

Além disso, um aspecto processual importante a se destacar é que os dissídios coletivos de greve ocorrem em meio ao fato social da greve, ou seja, quando ocorre a suspensão coletiva do trabalho e são propostos, em geral, pelos empregadores ou pelo Ministério Público do Trabalho. Com relação ao último, há menção expressa na Constituição Federal, em caso de greve em atividade essencial, com possibilidade de lesão do interesse público (CF, art. 114, §3º). Quanto aos demais, a possibilidade de instauração de instância está contida no art. 856 da CLT e no art. 8º da Lei 7783/89 (Lei de Greve), que estabelece que a Justiça do Trabalho, por iniciativa de qualquer das partes ou do Ministério Público do Trabalho, ao julgar o dissídio coletivo, decidirá i) sobre a legalidade ou ilegalidade da greve, sem prejuízo de exame do mérito das reivindicações; ii) sobre a cessação da greve, se antes não resolvida por conciliação das partes ou por iniciativa da entidade sindical.

Sendo decretada pela Justiça do Trabalho a ilegalidade da greve, o tempo que ela perdurou será interpretado como interrupção do contrato de trabalho, pois os grevistas não farão jus aos salários do período, determinando-se o imediato retorno ao trabalho dos empregados. Além disso, o instrumento por meio do qual a greve teve fim, laudo arbitral, sentença normativa, acordo ou convenção coletiva de trabalho é que elucidará quais os efeitos do movimento paredista sobre o contrato de trabalho.

Limitações ao direito de greve

Como se viu, a Lei 7.783/89 em seu art. 2º estabelece o conceito legal da greve, considerando como legítimo exercício da greve a suspensão coletiva, temporária e pacífica, total ou parcial, de prestação de serviços a empregador. No entanto, a Constituição impõe limites a esse direito. Sergio Pinto Martins (2010) bem assevera que "a greve não é um direito absoluto".

A Lei 7.783/89, em seu art. 6º, §§ 1º e 3º, veda, por exemplo, que os trabalhadores pratiquem atos que violem os direitos e as garantias fundamentais de terceiros, bem como a realização de ameaças de danos a propriedade ou pessoas. Já o art. 10 estabelece as atividades essenciais que não podem ser totalmente paralisadas mesmo em situação de greve pelos empregados, como:

I. Tratamento e abastecimento de água, produção e distribuição de energia elétrica, gás e combustíveis.
II. Assistência médica e hospitalar.
III. Distribuição e comercialização de medicamentos e alimentos, serviços funerários.
IV. Transporte coletivo.
V. Captação e tratamento de esgoto e lixo.
VI. Telecomunicações.
VII. Guarda, uso e controle de substâncias radioativas, equipamentos e materiais nucleares.
VIII. Processamento de dados ligados a serviços essenciais.
IX. Controle de tráfego aéreo.
X. Compensação bancária.

Ainda a respeito das atividades essenciais, é importante destacar que o artigo 9º, §1º, da Constituição Federal, bem como o art. 11 da Lei da Greve dispõem que os sindicatos, os empregados e os trabalhadores ficam obrigados, de comum acordo, a garantir, durante a greve, a prestação dos serviços indispensáveis aos atendimento das necessidades da comunidade.

A Lei da Greve proíbe, ainda, a prática de *lockout* (art. 17), vale dizer, veda a paralisação por parte dos empregadores que objetivam confrontar o movimento grevista dos trabalhadores, prejudicando as negociações e acordos entre as partes.

Destaca-se, ademais, que o abuso de direito dá ensejo à responsabilidade, que pode ser trabalhista, civil ou penal. Ao mesmo tempo que o trabalhador que, porventura, não queira exercer seu direito potestativo de greve (já que ela é exercida pelo indivíduo, não pelo sindicato) não pode ter impedido seu acesso ao trabalho, com ameaça ou agressão.

Dessa forma, imperioso destacar que os empregados grevistas devem observar os critérios para a convocação, deliberação e deflagração da greve, sob pena do movimento ser considerado abusivo.

Abuso do direito de greve

O conceito de abuso do direito de greve está previsto no art. 14 da Lei de Greve, nos seguintes termos: "constitui abuso do direito de greve a inobservância das normas contidas na presente Lei, bem como a manutenção da paralisação após a celebração de acordo, convenção ou decisão da Justiça do Trabalho".

Fica claro, portanto, que é considerado abuso de direito de greve a inobservância dos requisitos contidos na Lei 7.783/89. O saudoso jurista Amauri Mascaro Nascimento (1989) assevera que "a lei não é uma inutilidade e tem a função maior e inafastável de promover, por meio de medidas de garantia aos trabalhadores e aos sindicatos, e, de outro lado, de instrumentos desestimuladores da violência dos excessos, o indispensável equilíbrio entre os interesses que envolvem os trabalhadores, os empregadores, o governo e a sociedade, partes componentes da problemática dos conflitos coletivos de trabalho".

Podem ser consideradas como hipóteses do abuso do direito de greve as condutas das entidades sindicais ou comissão eleita o descumprimento das obrigações a que estão sujeitas pela lei (arts. 4º e 9º, da Lei 7.783/89), bem como o descumprimento do dever de tentar a prévia negociação com o empregador, conforme estabelecido pelo art. 3.º da Lei de Greve.

Outro exemplo que pode ser mencionado é a greve surpresa, que é ilícita no ordenamento jurídico brasileiro. O aviso ao empregador deve ser realizado com antecedência mínima de 48 horas, ampliadas para 72 horas nas atividades essenciais. Portanto, empregador e empregados devem estar atentos ao cumprimento dos requisitos necessários à deflagração do movimento grevista, lembrando-se da oportuna advertência do doutrinador Maurício Godinho Delgado (2013) de que "a lei tem de ser interpretada em harmonia com a Constituição: direitos e garantias, em nenhuma hipótese, poderão, efetivamente, ser violados ou constrangidos".

Garantias dos empregados e empregadores

São assegurados aos empregados grevistas durante o movimento o emprego de meios pacíficos de persuasão, a arrecadação de fundos, bem como a livre divulgação do movimento. Daí porque as empresas não podem frustrar a divulgação do movimento, assim como adotar meios que forcem o empregado a comparecer ao trabalho. Os grevistas não podem proibir o acesso ao trabalho daqueles que quiserem fazê-lo. Ainda, é vedada a rescisão do contrato de trabalho durante a greve não abusiva, da mesma forma que contratar trabalhadores substitutos.

Os salários e demais obrigações trabalhistas relativas ao período grevista serão regulados por acordo com o empregador. Ou seja, trata-se, a princípio, de hipótese suspensiva dos contratos de trabalho, mas, por força da negociação que pôr fim à greve, há a possibilidade de sua transformação em interrupção contratual, ou seja, hipótese em que, embora não tenha havido prestação de serviços, há obrigações por parte do empregador.

De outro lado, o empregador tem o direito de saber antecipadamente sobre a futura paralisação na empresa, como visto em linhas anteriores. Não havendo acordo, é assegurado ao empregador, enquanto perdurar a greve, o direito de contratar diretamente os serviços necessários para esse fim.

É legalmente autorizado, ainda, o uso da mão de obra dos empregados que não aderiram ao movimento grevista. Durante a greve, o sindicato ou a comissão de negociação manterá em atividade equipes de empregados com o propósito de assegurar os serviços cuja paralisação resultar em prejuízo irreparável.

Como visto, é vedada a paralisação dos empregadores com o objetivo de frustrar negociação ou dificultar o atendimento de reivindicações dos respectivos empregados. De acordo com a lei nº 7.783/89 art. 6º, os grevistas têm direito ao emprego de meios pacíficos tendentes a persuadir ou a aliciar os trabalhadores a aderirem à greve, a arrecadar fundos e a divulgar o movimento.

O direito à livre divulgação é de extrema necessidade para o movimento grevista, pois é uma forma de persuadir o empregador, além de estimular outros trabalhadores a aderirem a greve. Pode-se usar megafone, distribuir panfletos, enfim, pode ser usado qualquer meio de propaganda, contanto que não ofendam o empregador.

O empregador também tem que respeitar alguns limites, como não constranger o empregado a trabalhar nem frustrar a divulgação da greve.

Conclusão

Conclui-se que a greve é uma suspensão coletiva, temporária, pacífica, total ou parcial da prestação do trabalho ao empregador, que foi reconhecida como direito constitucional dos trabalhadores, a quem compete decidir sobre a oportunidade de exercê-lo. Direito exercido coletivamente por meio dos sindicatos ou comissões representativas, trata-se de instrumento de pressão dos trabalhadores sobre o empregador, que tem por objetivo trazê-lo às negociações a fim de que sejam tratadas novas condições das relações de trabalho.

No entanto, o direito de greve não é absoluto, devendo ser pautado pela boa-fé, observando-se o fim social e econômico pretendido nos limites da lei.

Além disso, cabe aos atores sociais envolvidos no movimento paredista verificarem, sempre que necessário, o cumprimento de todos os requisitos estabelecidos pela Lei quando da deflagração da greve.

Referências

BRASIL. [Constituição (1988)]. Constituição da República Federativa do Brasil de 1988. Brasília, DF: Presidência da República, [2016]. Disponível em: <http://www.planalto.gov.br/ccivil_03/Constituicao/Constituiçao.htm>. Acesso em: 1 dez. de 2021.

DELGADO, M. G. *Curso de direito do trabalho*. 12. ed. São Paulo: LTr, 2013.

FILHO, J. B. *Direito de greve e democracia*. São Paulo: LTr, 2013.

MARTINS, S. P. *Curso de direito do trabalho*. São Paulo: Atlas, 2010.

NASCIMENTO, A. M. *Comentário à lei de greve*. São Paulo: LTr, 1989.

3

O CANAL DE DENÚNCIA PARA COMBATER O ASSÉDIO NO AMBIENTE DE TRABALHO E OS FATORES DE PRESSÃO QUE VITIMAM O GESTOR

Neste capítulo, abordaremos a importância de um canal de denúncia bem estruturado com o intuito de evitar desvios de condutas, principalmente ocorrências de assédio moral e sexual no ambiente de trabalho. Também abordaremos uma discussão e reflexão sobre os fatores que vitimam o gestor.

**ELLEN RODRIGUES E
BELÍCIO MARTINS**

Ellen Rodrigues

Bacharel em Direito (CIESA/2008), MBA em Direito do Trabalho e Processual Material (Escola Superior de Advocacia/2009), MBA em *Compliance* Trabalhista e Gestão Previdenciária (IPOG/2021), especialização em Relações Sindicais e Trabalhistas (WCCA Cerqueira/2022), 22 anos de experiência em gestão de Administração de Pessoal e Relações Trabalhistas em grandes empresas multinacionais.

Contatos
ellenaraujo@hotmail.com
Instagram: @ellen_araujo_rodrigues
LinkedIn: https://linkedin.com/in/ellen-rodrigues-5b7824147

Belício Martins

Bacharel em Administração de Empresas (Nilton Lins/1996), especialista em Gestão de Pessoas (UNINORTE/2003), especializando em Relações Trabalhistas e Sindicais (WCCA/2022). Com 35 anos de experiência em Recursos Humanos, é atualmente especialista das Relações do Trabalho e Sindicais em multinacionais de grande porte com forte atuação nas relações e negociações sindicais.

Contato
beliciomartins70@gmail.com

Parte I – Ellen Rodrigues

A importância do canal de denúncia para combater o assédio no ambiente de trabalho

> *A dignidade da pessoa humana é um valor supremo que atrai o conteúdo de todos os direitos fundamentais do homem, desde o direito à vida.*
> PROFESSOR JOSÉ AFONSO DA SILVA

Afinal o que é *compliance*? A palavra deriva do verbo inglês "*to comply*", que significa cumprir, realizar ou satisfazer o que foi imposto. E no âmbito das organizações, as obrigações a serem observadas são das esferas trabalhista, previdenciária, civil, penal, ambiental, empresarial e todas que possuem regulamentação legal no ambiente empresarial. O *compliance* está associado a um padrão de conduta, agir de acordo com as normas, leis e regras de determinada instituição privada ou pública. Pode ser definido como o princípio de Governança Corporativa que tem como objetivo promover a cultura organizacional da ética, transparência e eficiência da gestão, para que todas as ações dos integrantes da empresa estejam em conformidade com a legislação, controles internos e externos, valores e princípios. Surgiu a partir do movimento da corrupção, ganhando relevância jurídica com a publicação da Lei 12.846/2013 conhecida como lei anticorrupção no Brasil.

O programa de *compliance* possui vários pilares essenciais de implantação:

a) suporte à alta administração;
b) avaliação de risco;
c) código de conduta e políticas;
d) treinamento e comunicação;
e) *Due Diligence* de terceiros;

f) auditoria e monitoramento;
g) canal de denúncia;
h) investigação interna.

Nesse contexto, podemos destacar o canal de denúncia e investigação interna como o pilar primordial de relevância, reforçando seus desdobramentos com o intuito de combater as práticas de fraudes, irregularidades, antiética e condutas inadequadas de seus empregados e terceiros. Um canal de denúncia bem estruturado brinda as empresas evitando danos à imagem, pois os consumidores estão cada vez mais preocupados com a ética das empresas, atrelada ao produto a ser comprado.

Importância da implantação do canal de denúncia

O canal de denúncia é uma ferramenta de relevância para que as empresas tenham o elo entre os seus empregados e a alta gestão. Para que tenha efeitos positivos na organização, é primordial a construção de um comitê de ética estruturado, equipe de investigação interna ou externa (consultoria), agindo com profissionalismo e imparcialidade na condução dos processos.

A implementação de políticas de *compliance*, alinhada à elaboração de regimentos internos e código de conduta, visando direcionar e fundamentar a conduta dos seus empregados, é fundamental para diminuir os riscos de passivos de uma empresa e para a preservação do valor econômico da marca, bem como a manutenção de um ambiente de trabalho saudável, desestimulando as ocorrências de práticas discriminatórias, evitando a perpetuação de condutas agressivas.

Os canais de denúncia devem ter ampla divulgação aos seus colaboradores, terceiros e fornecedores que possuam relação com a empresa. A empresa pode utilizar vários mecanismos de recebimentos de denúncias, seja por e-mail, urnas, telefone e intranet.

Com o recebimento da denúncia, a empresa necessita avaliar e, de forma tempestiva, realizar apuração dos fatos. Importante manter o sigilo das informações, integridade, anonimato do denunciante e testemunhas, garantido que não haja retaliação.

O que é o assédio moral ou sexual no mundo corporativo?

Assédio moral é a exposição de pessoas a situações humilhantes e constrangedoras no ambiente de trabalho, de forma repetitiva e prolongada, no exercício de suas atividades e na jornada de trabalho. É uma conduta que traz danos à dignidade e à integridade do indivíduo, colocando a saúde em risco e prejudicando o ambiente de trabalho.

Como é caracterizado o assédio moral? Primeiro, é evidenciar a conduta abusiva do assediador, reiteradas as ocorrências, que podem ser: postura ofensiva, agressão física, falas desqualificadoras, gestos, desqualificação profissional, humilhações em público ou privado, brincadeiras ofensivas, diminuição da capacidade laborativa da vítima, forçar o empregado a pedir demissão, ameaça de demissão, forjar punições injustas, determinar horários excessivos, apelidos vexatórios etc. Por fim, todos esses atos abalam o psicológico da vítima, gerando desmotivação, estresse, ansiedade, perda da capacidade de tomar decisão, isolamento, doenças relacionadas à patologia da saúde mental e, por fim, um adoecimento que pode culminar no afastamento e até no abandono de emprego, causando danos considerados irreparáveis à vida do empregado, em sua saúde e no ambiente familiar.

Aquele ambiente teoricamente saudável, seguro, tornou-se insalubre. Nesse viés a empresa possui papel fundamental na identificação e monitoramento, pelos mecanismos de divulgação dos canais de denúncia, treinamentos, reforçando que não compactua com tais atos.

Em algumas empresas, além de um programa de *compliance* bem estruturado, ainda existem programas de saúde mental que visam identificar os absenteísmos relacionados a afastamentos por conta de doenças psicológicas, que podem ser uma porta de identificação para possíveis desvios de condutas no ambiente corporativo.

Assédio sexual e importunação sexual: qual a diferença?

No assédio sexual há a necessidade da figura da hierarquia, a subordinação ao sujeito, configurando quando o assediador tem a intenção de constranger alguém, mediante palavras, gestos ou atos, com o intuito de obter vantagem, favores sexuais, prevalecendo nessa condição a hierarquia ascendente inerente ao cargo ou função.

No assédio por importunação sexual ou ambiental, não existe a figura da hierarquia, mas é tão grave quanto ao assédio sexual, foi tipificada recente na esfera penal. O objetivo do agressor é tornar o ambiente de trabalho hostil para o assediado, podendo também visar uma vantagem sexual. Caracteriza-se pela insistência, impertinência e hostilidade praticada, individualmente ou em grupo, manifestando relações de poder ou de força não necessariamente de hierarquia. Importante salutar que o agente desse crime pode ser qualquer pessoa, ou seja, não se restringe a um gênero específico, uma vez que tanto homens quanto mulheres podem praticar ou serem vítimas do ato de importunação sexual no ambiente de trabalho.

Investigação interna aliada ao canal de denúncia

O pilar de investigação é uma execução que deve ser sutil e discreta, uma vez que esse processo deve gerar credibilidade ao denunciante. O empregado precisa acreditar que a denúncia será bem conduzida, terá as respostas necessárias e, acima de tudo, não haverá nenhum tipo de punição a quem denuncia. Em nosso país existe a cultura de que quem denuncia não é bem-visto ou ainda de que a impunidade é certa dependendo do nível hierárquico. A empresa precisa realizar a transformação dessa crença, dando a credibilidade necessária ao canal de denúncia e ao processo de investigação.

E o que precisamos saber para não cometer erros em uma investigação? Importante ter respeito pelos investigados, denunciantes e testemunhas, agir com naturalidade e demonstrar respeito com a situação apresentada. Nunca fazer julgamentos, pois nesse caso existe uma grande diferença no processo de investigação. Você não é juiz da causa, e sim um investigador que vai elaborar o relatório final que será apresentado à alta direção da empresa e/ou ao departamento responsável em tomar as providencias necessárias.

Lembrando que nessa fase de investigação não é possível confrontar testemunhas, mas é importante seguir um roteiro estratégico na condução das perguntas que possibilitem o entendimento do que ocorreu e como ocorreu, ou seja, é de suma importância seguir as etapas do processo de investigação para um melhor direcionamento da investigação e elaboração da sequência dos fatos. Após o processo de entrevista, será necessário rever todas suas anotações, retomar o áudio das entrevistas, se for autorizado, e reduzir a termo as falas importantes, o nome de testemunhas que surgiram no processo de investigação, os procedimentos que não foram cumpridos, rever as filmagens de salas e locais dos fatos, entre outros para que possa elaborar o relatório de conclusão da investigação.

Vale ressaltar que a investigação não possui caráter punitivo, mas visa identificar e corrigir desvio de conduta em relação aos procedimentos, políticas, além de aprimorar a cultura da empresa, clima organizacional no ambiente de trabalho e, por fim, elevar o orgulho e a satisfação dos empregados que acreditam na organização e em seus valores.

Podemos ainda citar itens importantes na estratégia de condução da investigação:

a) planejamento;
b) apuração dos fatos;
c) imparcialidade no processo de investigação;

d) respeito aos envolvidos;
e) qualidade no relatório;
f) confidencialidade dos envolvidos.

As investigações por si só são constrangedoras e, quando se fala em investigação por assédio, quer seja moral ou sexual, é preferível que sejam conduzidas por uma equipe independente, imparcial, especializada em lidar com esse tipo de investigação, em alguns casos é necessária a participação de um psicólogo, para que possa avaliar melhor os fatos ocorridos, bem como identificar outros impactos da investigação, que sejam de cunho comportamental. Durante o processo, é importante deixar claro o conceito de assédio e a vedação da retaliação, pois muitas vezes o assédio moral é intensificado durante a investigação, pois o assediador se sente ameaçado e ataca o assediado e membros da equipe. Por isso a importância da discrição e do sigilo nesse processo de vítimas e testemunhas

Entrevista de desligamento como porta de entrada para dirimir desvios de condutas

A entrevista de desligamento é uma ferramenta de KPI na etapa final do processo de *offboarding*, importante como métrica para identificar os desvios de comportamentos, buscar e corrigir possíveis falhas nos processos da organização e melhorias no ambiente de trabalho e na gestão de pessoas. Trata-se de um canal de suma importância, pois, às vezes, o que é dito pelo empregado não é levado tão a sério pelo simples fato de ser o momento de seu desligamento e se entende de forma subjetiva que é apenas insatisfação, no entanto, deve ser avaliado e levado em consideração se não há indícios de fatos que precisam ser tratados e corrigidos. Para usufruir dos benefícios dessa ferramenta, é necessário ter pessoas treinadas/capacitadas na condução das entrevistas e incluir, dentre vários itens, pontos importantes relacionados ao *compliance*, seja em temas de assédio, desvio de condutas, descumprimento de regras e processos. Não é para punir ou fazer caça às bruxas, e sim buscar melhoria contínua nas políticas e valores éticos da organização, tendo o dever e a responsabilidade de propiciar um ambiente saudável aos seus empregados, assegurando sua integridade moral, física e psíquica, ou seja, garantir a tutela do princípio da dignidade humana.

Considerações finais

Este capítulo tem o objetivo de despertar uma reflexão se as empresas estão preparadas para lidar com a condução de processos investigativos oriundos do canal de denúncia relacionados a assédio moral e sexual. É importante refletir que a premissa para o sucesso de implantação de um canal de denúncia, se encontra na implantação estruturada do *compliance*, com envolvimento da alta administração (*tone from the top*), treinamento dos empregados, divulgação do mecanismo de recebimento das denúncias, equipe capacitada/treinada para conduzir as investigações, regras claras e objetivas, desenvolvimento de políticas bem definidas, regimentos e/ou código de conduta, tudo isso associado às legislações vigentes e valores éticos, que servirão de direcionamento e suporte necessários à condução e conclusão do processo investigativo.

Outro ponto primordial que não devemos esquecer é o fator humano, pois *compliance* são pessoas. Devemos garantir que o canal de denúncia tenha efetividade, credibilidade pela imparcialidade e confidencialidade dos envolvidos no processo de investigação de assédio, buscando o respeito e a empatia.

Parte II – Belício de Lima Martins

Fatores de assédio moral que vitimam o gestor

> *Nunca deixe que o fracasso entre em seu coração e o sucesso suba à sua cabeça.*
> SOICHIRO HONDA

Introdução

Este artigo tem a intenção de provocar uma reflexão mais aprofundada sobre o tema assédio moral nas organizações, abordando alguns fatores que dão origem aos atos de assédio antes deles se manifestarem através das atitudes de alguns gestores.

Para iniciarmos a discussão e a reflexão deste tema, vamos primeiramente discorrer sobre o conceito legal e tipificar tecnicamente os tipos mais comuns de assédio moral presentes nas organizações.

Evidentemente, esses fatores por si só não são os culpados por tais práticas, eles apenas existem, não justificam e tampouco isentam de responsabilidades quem os pratica.

Tecnicamente, o assédio moral no trabalho é a exposição de uma pessoa a situações humilhantes e constrangedoras no ambiente de trabalho, de forma repetitiva e prolongada, no exercício de suas funções. Os tipos mais comuns e as formas mais conhecidas de assédio são:

1. Assédio vertical descendente – esse é o tipo mais comum nas empresas e ocorre de um gestor ou trabalhador hierarquicamente superior a outro de menor hierarquia.

2. Assédio moral organizacional – quando o empregado sofre pressão psicológica da própria empresa por meio de metas agressivas usando o medo de demissão como forma coercitiva.

3. Assédio moral horizontal – esse tipo de assédio ocorre entre trabalhadores de mesmo nível hierárquico dentro da mesma empresa que, geralmente, cultivam a competitividade entre seus funcionários.

4. Assédio moral vertical ascendente – esse tipo de assédio é muito raro de acontecer porque ocorre de um funcionário hierarquicamente inferior assediando seu superior. Quando ocorre, geralmente, o funcionário sabe alguma informação sigilosa da empresa ou de seu superior hierárquico e a usa para chantageá-lo em benefício próprio.

No mundo das organizações existe uma figura chamada gestor, uma pessoa comum, igual a qualquer outro trabalhador com suas metas do cargo, desafios e aspirações pessoais e profissionais, que o tornam vulnerável às mais diversas instabilidades de pressão emocional e psicológica presentes em seu dia a dia, quer lidando com seu empregador, com seus pares e colaboradores ou, ainda, lidando com as investidas dos sindicalistas em seu departamento.

Acredito que a maioria de nós, profissionais da área de Relações Trabalhistas e Sindicais, já nos deparamos com um gestor fragilizado emocionalmente disposto a pedir demissão por não saber mais o que fazer para administrar a pressão que sofre do empregador, de seus colaboradores e dos sindicalistas internos.

O fator empregador

Não é segredo para ninguém que o ambiente de trabalho nas organizações é de extrema competição e, em algumas delas, chega a ser hostil. Esse ambiente de hostilidades disfarçadas de tapinhas nas costas exige do gestor, além das competências técnicas requeridas para ser capaz de solucionar todos os problemas possíveis e imagináveis, o domínio total de suas emoções como se não as tivesse, resumindo, um verdadeiro e inabalável super gestor.

Se o gestor for da área produtiva, ele lida com um desafio diário, um fantasma chamado plano de produção, e atendê-lo passa a ser, além de um desafio, um balizador de sua competência e honra profissional.

Muito bem, mas há um detalhe importantíssimo nessa história que precisamos lembrar: não é o gestor quem vai dar conta de atender aos números exigidos no plano de produção, são seus colaboradores operando suas máquinas e equipamentos, que em muitas empresas estão desgastados, em ambientes de trabalho nem sempre adequados. São esses colaboradores os responsáveis diretos por cumprir o desafio da produção do dia a dia.

O fator empregador é estático, porém, é amplificado pelas expectativas do próprio gestor em relação a si mesmo e aos resultados que deve apresentar que possam ser valorizados pela organização. Essa variável destila naturalmente uma pressão psicológica no gestor e o força a apresentar resultados positivos sobre resultados positivos. A negação desses resultados é, no entanto, passível de punição até mesmo por demissão, e isso o pressiona de tal maneira que às vezes, sem perceber e intuitivamente, transfere toda essa pressão para seus colaboradores, pois não quer parecer menos competente que seus pares e tampouco motivo de piadas.

Em sua plena capacidade racional, esse gestor sabe muito bem que dependerá de seus colaboradores para alcançar os resultados que almeja apresentar ao empregador e deve cuidá-los bem para que se sintam motivados a contribuir com suas metas e seus objetivos. Contudo, o que vemos no dia a dia não é exatamente a prevalência dessa racionalidade, mas sim um desequilíbrio emocional que o impede de ver que suas ações estão prejudicando o relacionamento com sua equipe e, consequentemente, afetando seus resultados.

A maioria desses gestores não percebe que sua equipe pode não estar tão motivada e engajada quanto ele para os resultados e isso é muito ruim, porque esse gestor dificilmente conseguirá atingir suas metas. A equipe que não estiver, e geralmente não está, no mesmo nível de motivação e comprometimento de seu gestor classificará qualquer ação deste como tentativa de intimidação e coerção. Esse comportamento dos colaboradores acaba despertando outras variáveis do assédio que veremos a seguir.

O fator colaboradores

Os colaboradores também são capazes de gerar grande pressão em seus gestores, desestabilizando-os emocionalmente a ponto de ter atitudes que abalam a relação entre si.

Os colaboradores sabem que não há produção e não haverá lucro sem que eles façam, e muito bem feito, a parte que cabe a si.

Individualmente, eles sabem suas motivações pessoais que os fazem acordar bem cedinho todos os dias de trabalho durante anos de sua vida em prol das metas e objetivos da organização e até chegam a suportar por anos os destemperos de alguns gestores. Coletivamente, as insatisfações dos colaboradores são agrupadas e, sob a influência de algum líder, seja ele um líder natural ou formal, se tornam presentes no departamento em forma de resultados abaixo dos padrões estabelecidos como normais e aceitáveis, quer seja em qualidade, produtividade ou outra forma de materializar as insatisfações.

Tomando por exemplo o plano de produção, quando os números não são atingidos, pode significar que a equipe está mandando um recado de que algo não está certo e que eles não estão satisfeitos. Outro exemplo são os níveis de qualidade, quando começam a baixar, a equipe sinaliza que não está no mesmo ritmo de motivação que seu gestor e que, se continuar assim, a tendência é aumentar o nível de pressão até fazê-lo perceber e resolver a causa raiz dos baixos resultados apresentados, a causa da insatisfação.

Lembremos que o gestor já está sob a pressão do fator empregador, agora tem que lidar com o fator colaborador exercendo a pressão em forma de números negativos. Isso incomoda tanto o gestor que o faz pensar que toda a equipe ou alguns colaboradores o estão sabotando propositadamente. A partir desse pensamento, começa a prática dos atos de assédio moral contra toda sua equipe ou um colaborador específico.

Parece muito com a aplicação da lei da física em que a força exercida em uma direção tem a mesma intensidade da força contrária. Traduzindo para nossa reflexão, quando o gestor está nesse nível de pressão, quanto mais a equipe demonstra que está insatisfeita, desmotivada e há algo de errado com o gestor pelos resultados negativos, mais o gestor exerce suas credenciais para forçar a equipe a entregar resultados positivos.

É possível que nós, em algum momento, tenhamos agido dessa forma com nossos colaboradores?

O fator sindicalista

Nas empresas que possuem sindicalistas internos, os gestores não têm sossego e estão constantemente sob a pressão deles. Os sindicalistas sabem que a estratégia de pressionar o gestor por qualquer motivo, seja ele justo ou não, sem uma resposta adequada e à altura da manifestação, os fazem ganhar espaço e credibilidade que deveriam ser dos gestores.

Basta uma pequena reclamação que o colaborador insatisfeito faça ao sindicalista, por exemplo, dizer que não gostou da forma ou entonação da voz que o gestor usou na reunião de início de turno ou do cheiro forte do desinfetante usado na limpeza dos banheiros e os sindicalistas já chegam fazendo muito barulho e falando alto, amplificando a reclamação e atribuindo a culpa ao gestor da área. Até mesmo gestores experimentados e com boa estabilidade emocional podem se tornar vítimas dessa estratégia dos companheiros.

Ainda nesse aspecto, o assédio dos sindicalistas na gestão é tão forte que eles encaram como a última fronteira a ser dominada antes de conquistar de vez os colaboradores.

À medida que os sindicalistas vão dominando os espaços da gestão, eles vão se fortalecendo e ganhando cada vez mais a confiança dos trabalhadores, que passam a dar mais credibilidade ao sindicalista do que ao seu gestor.

Em situações extremas, os sindicalistas chegam a instalar no gestor o medo de agir e gerir sua equipe, e mesmo decisões básicas, como planejar a distribuição dos postos de trabalho, fazer uma transferência de turno ou departamento, aplicar uma advertência ou, até mesmo, fazer uma reunião de alinhamento com sua equipe, passam a ser um tormento para o gestor. Quando isso acontece, o gestor pode chegar ao extremo de pedir para sair da empresa.

A perda dos espaços e da credibilidade para os sindicalistas é muito danosa, porque, além de vitimar o gestor e fazê-lo refém, também engessa toda a estrutura de decisão da empresa que nada pode fazer sem o consentimento dos sindicalistas.

Considerações finais

Existem também outros fatores que exercem pressão de forma implacável sobre o gestor, talvez mais intensos do que os fatores existentes dentro das empresas, minando sua estabilidade emocional e servindo como um estopim para o descontrole que faz do gestor o principal agente de assédio moral nas organizações.

Dentre eles podemos citar os de relação familiar, como instabilidade na relação com o cônjuge, doenças de filhos, algum membro de sua família envolvido com drogas ou em atos ilícitos e tantas outras situações que podem existir no ambiente familiar.

Também não podemos deixar de lembrar fatores de dívidas financeiras, envolvimento com agiotas, fatores sociais e outras infinidades de fatores que podem estar presentes na vida do gestor, mas são imperceptíveis para a empresa que, na maioria das vezes, atua somente nos efeitos causados por toda essa pressão, deixando de atuar na causa raiz.

A percepção desses fatores que potencializam o assédio moral aliada a uma ação efetiva e contínua da empresa por meio de programas de acolhimento e acompanhamento psíquico-social pode, sim, mitigar o risco de incidências de assédio moral praticado por gestores.

Além disso, as empresas devem se engajar em ações que fortaleçam a capacitação dos gestores não somente com informações atualizadas sobre os aspectos das relações de trabalho, mas também capacitá-los em inteligência emocional, escuta ativa e comunicação não violenta para evitar conflitos com seus colaboradores e com os sindicalistas.

Desejo humildemente que este simples artigo possa contribuir para uma reflexão maior sobre os atos de assédio moral em suas organizações, identificando, mitigando e até mesmo eliminando os fatores da causa raiz, possibilitando o fortalecimento das relações de respeito e confiança entre gestores e seus colaboradores.

Minha gratidão ao grande incentivador e apoiador deste trabalho, Sr. Francisco de Assis das Neves Mendes, que desde sempre apoiou e acreditou que eu seria capaz de fazê-lo.

Dedico minha coautoria neste livro à minha mãezinha, Ozilete Martins, à minha bela esposa, Adrielle Viana, ao nosso então bebê, Belício Junior, e aos meus filhos Nicolas Martins e Gabriel Martins.

Um forte abraço a todos, que Deus ilumine sempre nossas mentes e nossos caminhos.

Referências

CHC ADVOCACIA. *O que caracteriza assédio moral no trabalho?* Disponível em: <https://chcadvocacia.adv.br/blog/assedio-moral-no-trabalho/>. Acesso em 15 set. de 2021.

EL KALAY, M. Investigação interna de compliance. *LECNews*. Podcast. Disponível em: Investigação Interna #25, LECCAST/2019, áudio Spotify. Acesso em: 13 set. 2021.

FACURE, E. Tipos de assédio moral no trabalho. *Jusbrasil*, 2016. Disponível em: https://estevanfg.jusbrasil.com.br/artigos/317924376/tipos-de-assedio-moral-no-trabalho. Acesso em: 1 set. de 2021.

LECCAST: Assédio moral e sexual#15. Disponível em: <https://lec.com.br/15-assedio-sexual-e-moral-com-alexandre-guirao/>. Acesso em: 14 set. de 2021.

MELEK, M. A. *Onde as empresas mais erram*. Curitiba: Estudo Imediato, 2021.

OIT. *Assédio sexual no trabalho é tema de nova cartilha da OIT e do MPT*. Disponível em: <https://www.ilo.org/brasilia/noticias/WCMS_559573/lang--pt/index.htm>. Acesso em: 15 set. de 2021.

SÁ, M. O. M. *Ampla defesa e efetividade da tutela jurisdicional na possibilidade de dispensa da caução exigida na execução provisória.* Disponível em: <https://ambitojuridico.com.br/edicoes/revista-172/assedio-moral-e-assedio-sexual-no-ambiente-de-trabalho/amp/>. Acesso em 15 set. de 2021.

SECRETARIA DE COMUNICAÇÃO SOCIAL DO TST. *Cartilha de prevenção ao assédio moral. Pare e repare – por um ambiente de trabalho mais positivo*. Disponível em: <http://www.tst.jus.br/documents/10157/55951/Cartilha+ass%C3%A9dio+moral/573490e3-a2dd-a598-d2a7-6d492e4b2457>. Acesso em: 14 set. de 2021.

SILVA, F. L.; PINHEIRO, I. *Manual Compliance Trabalhista: teoria e prática*. São Paulo: JUS PODIVM, 2020, pp. 94, 437, 438 e 439.

4

ASPECTOS PRÁTICOS DO ENQUADRAMENTO SINDICAL
COMO FAZÊ-LO DE FORMA SEGURA E OS RISCOS DE FAZÊ-LO DE FORMA EQUIVOCADA

De forma prática, o presente trabalho se dedica às cautelas, dificuldades e riscos inerentes ao enquadramento sindical das empresas, propondo diligências que elevam a segurança jurídica das organizações no enfrentamento da questão, informando sobre os riscos de fazê-lo equivocadamente e orientando as condutas necessárias em caso de incerteza quanto à norma coletiva aplicável no caso de empregado de categoria diferenciada.

IVAN CESAR SPADONI JUNIOR

Ivan Cesar Spadoni Junior

Advogado graduado pela Universidade Padre Anchieta (2006), inscrito na Ordem dos Advogados do Brasil, seção São Paulo, sob nº 269.669, atuando exclusivamente na área de Direito do Trabalho no Ramo Empresarial há mais de 15 anos. Certificado em *Compliance* pelo Instituto de Desenvolvimento Educacional da Fundação Getulio Vargas (2020). Sócio-fundador do Escritório Spadoni, Carvalho e Cunha Sociedade de Advogados, atuando como parecerista responsável no departamento consultivo trabalhista.

Contatos
www.spadonicarvalho.com.br
ivan@spadonicarvalho.com.br
Instagram: @spadonicarvalhocunha

O enquadramento sindical correto eleva a segurança jurídica da empresa empregadora, pois evita embaraços com o sindicato de trabalhadores e não qualifica as vantagens concedidas pelo empregador aos empregados como ato unilateral, desde que estejam previstas na Convenção Coletiva de Trabalho (CCT), que, em razão disso, não se incorporam ao contrato de emprego.

Tem sido natural no dia a dia das empresas o recebimento de notificações para que observem a CCT celebrada por sindicato diferente daquele que a empresa tem seguido. Nesse cenário, podem surgir dificuldades por parte dos departamentos pessoais (DP) ou departamentos jurídicos das empresas, levando a decisões que expõem essas empresas a riscos jurídicos e financeiros indesejados, que podem ser difíceis de superar ou desfazer.

Paralelamente, o equívoco no enquadramento sindical e a observância de norma coletiva incorreta são motivos pelos quais as empresas têm sido surpreendidas com reclamações trabalhistas individuais em que o reclamante pede ao Poder Judiciário que declare que a CCT aplicável ao caso concreto seja outra que não a que a empresa sempre observou durante o contrato. Como o reclamante não faria um pedido para que lhe fosse aplicada CCT menos favorável, quando a ação é procedente, a empresa se vê obrigada a suportar gastos para os quais não estava preparada.

Isso sem contar o efeito dominó que uma única decisão desfavorável à empresa em matéria de instrumento coletivo aplicável pode significar, pois, uma vez vencedor um reclamante, bastante provável é que outros também o sejam.

A proposta do presente capítulo, de caráter eminentemente prático, é o enfrentamento de situações semelhantes às descritas anteriormente, sem descuidar da índole científica e teórica que o tema merece, pois o que se pretende é subsidiar decisões juridicamente seguras, socorrendo-se do texto constitucional e infraconstitucional, bem como da doutrina da jurisprudência.

Enquadramento sindical, sistema de categorias, atividade preponderante do empregador, atividade do empregador maior geradora de faturamento e categorias diferenciadas

O ordenamento jurídico brasileiro concebe uma divisão existente entre os sindicatos denominada "categoria". Para os empregadores, existem as categorias econômicas (art. 511, § 1º da Consolidação das Leis do Trabalho – CLT); para os empregados, existem as categorias profissionais (art. 511, § 2º da CLT). Existem também as categorias diferenciadas de trabalhadores (art. 511, § 3º da CLT), para as quais existe legislação específica.

Com base na atividade econômica preponderante da empresa é que se conhece sua categoria econômica (MIESSA; CORREIA, 2018, p. 1127), isto é, a atividade "que caracterizar a unidade de produto, operação ou objetivo final, para cuja obtenção todas as demais atividades convirjam", conforme estabelece o art. 581, § 2º e art. 511, § 2º da CLT, pelo qual "a similitude de condições de vida oriunda da profissão ou trabalho em comum, em situação de emprego na mesma atividade econômica ou em atividades econômicas similares ou conexas, compõe a expressão social elementar compreendida como categoria profissional".

Portanto, o enquadramento sindical decorre de lei, não da vontade do empregador ou do empregado, sendo esse também entendimento do Tribunal Superior do Trabalho – TST (TST – AIRR: 1182520105060004, relator: Dora Maria Da Costa, data de julgamento: 21/03/2012, 8ª turma, data de publicação: 23/03/2012; e TST – AIRR: 2100006620085020082, relator: Guilherme Augusto Caputo Bastos, data de julgamento: 27/11/2013, 5ª turma, data de publicação: 06/12/2013).

Dessa forma, sabendo a categoria econômica do empregador, sabe-se a categoria profissional dos empregados.

Com esses parâmetros, o responsável pelo departamento pessoal da empresa buscará qual é a atividade preponderante do empregador, isto é, qual é o objeto social da empresa indicado no contrato social em conjunto com a Classificação Nacional de Atividades Econômicas (CNAE) da empresa, código que consta na ficha do Cadastro Nacional da Pessoa Jurídica (CNPJ) da empresa. Na prática, quase sempre essa busca é suficiente para identificar a categoria econômica do empregador.

Todavia, esse exame pode não dar certeza quanto ao enquadramento sindical do empregador. Isso porque pode ocorrer de a atividade principal indicada na ficha cadastral do CNPJ não ser a atividade do empregador que lhe gera a maior receita, isto é, o maior faturamento. Dessa forma, sendo a finalidade última da atividade empresarial a obtenção de lucro, a alocação da mão de obra prepondera naquela atividade que gera o maior resultado financeiro para a empresa, tem-se que a maioria dos empregados vivenciará a realidade advinda da atividade que oferece maior faturamento para a empresa. Nessa ordem de consideração, para efeitos trabalhistas e com base no princípio da primazia da realidade, a atividade que gera maior faturamento será considerada a atividade principal da empresa empregadora, ainda que seu contrato social permita concluir de modo diverso.

A título de exemplo, imagine uma empresa em que a atividade principal indicada no contrato social é construção civil, mas seu maior faturamento provém de atividades informadas como secundárias, como serviços de asseio e conservação e limpeza urbana. O simples exame de sua ficha cadastral levaria a concluir que o sindicato patronal é o da indústria da construção civil e, por consequência, o sindicato profissional é o dos trabalhadores na indústria da construção civil. Todavia, a realidade fática – esta sim importante para as relações de trabalho – bem como o faturamento da empresa revelam que o sindicato patronal é o das empresas de limpeza urbana, asseio e conservação e o sindicato profissional é o dos trabalhadores na limpeza urbana, asseio e conservação.

No contexto do exemplo, seria um erro o empregador aplicar no âmbito de sua empresa a CCT da construção civil, e as consequências desse erro serão analisadas na próxima seção.

Outro problema em relação à CCT que deve ser observado é o da empresa que tem em seus quadros trabalhadores de categorias diferenciadas, por exemplo, a empresa emprega motoristas profissionais, mas não é uma transportadora. As categorias diferenciadas são representadas por sindicatos específicos.

A título de exemplo, um supermercado segue a CCT pactuada entre o sindicato do comércio e o sindicato dos trabalhadores no comércio. Mas se tiver empregado um motorista, deveria o sindicato seguir a CCT do sindicato das transportadoras (patronal) e o sindicato dos motoristas? Em princípio, a resposta é não. Na prática, equivocadamente, muitas empresas seguem a CCT da categoria diferenciada.

Por ser a CCT uma espécie de contrato e vincular somente os representados pelos sindicatos que dele fazem parte, o TST firmou o entendimento da súmula 374, pelo qual:

> Empregado integrante de categoria profissional diferenciada não tem o direito de haver de seu empregador vantagens previstas em instrumento coletivo no qual a empresa não foi representada por órgão de classe de sua categoria.

Então, o motorista ou o empregado integrante de categoria diferenciada fica desamparado em um vazio normativo? A resposta é não. A Justiça do Trabalho (JT) entende que, se o sindicato patronal não participou da elaboração da norma de categoria diferenciada, deve ser estendida aos empregados de categorias diferenciadas a norma coletiva geral. No exemplo, seria estender ao motorista os direitos previstos na CCT dos comerciários, até que a norma coletiva específica seja pactuada entre o sindicato do comércio com o sindicato dos motoristas.

Por outro lado, tomando o exemplo do mercado novamente, se o sindicato do comércio, que representa o mercado, firmar uma CCT com o sindicato dos motoristas, o mercado estaria obrigado a seguir as disposições dessa CCT somente em relação aos motoristas.

Por fim, superadas as cautelas descritas e mesmo persistindo a dúvida, existe solução de ordem processual pela qual se ajuíza ação declaratória perante a JT, devendo figurar no polo passivo da demanda os sindicatos sobre os quais repousam a dúvida da representatividade para que a JT pronuncie qual é o sindicato correto no caso concreto.

Com as considerações levadas a efeito até este ponto, pode-se concluir o seguinte:

- Pela atividade preponderante da empresa empregadora, em regra, conhece-se o enquadramento sindical patronal.
- A exceção repousa nos casos em que o faturamento de atividade tida como secundária supera o faturamento de atividade tida como principal no cadastro da empresa perante CNPJ e no contrato social, de modo que o enquadramento sindical da empresa se dará em virtude da atividade que proporciona a maior parte do faturamento, pois nesta atividade está o maior resultado da força de trabalho da empresa.
- Conhecendo-se o enquadramento sindical da empresa empregadora, conhece-se o enquadramento sindical dos trabalhadores, exceto trabalhadores das categorias diferenciadas.
- Nem sempre matriz e filiais têm enquadramentos sindicais idênticos, devendo ser examinadas de forma individualizada, salvo quando estabelecidas na mesma territorialidade.
- A empresa não está obrigada a seguir CCT de categoria diferenciada, salvo se tiver sido representada pelo seu sindicato patronal (vinculado à sua atividade econômica principal).
- Se não houve representação na CCT de categoria diferenciada, aplica-se a CCT geral do empregador.

- Munida dessas informações, a empresa terá maior grau de certeza acerca de qual CCT deve seguir, ficando menos exposta aos riscos que serão examinados no próximo capítulo.
- Persistindo a dúvida, a solução de ordem processual permite que a Justiça do Trabalho diga qual é o sindicato legitimado a representar a empresa no caso concreto.

Riscos advindos do enquadramento sindical equivocado

Por força do art. 7º, inciso XXVI da Constituição Federal, é direito de todos os trabalhadores o reconhecimento das normas coletivas de trabalho. Por força do art. 611-A da CLT, o quanto for pactuado por norma coletiva tem prevalência sobre a lei quando dispuserem sobre amplo rol de matérias.

Por sua vez, o art. 3º da Lei de Introdução das Normas do Direito Brasileiro estabelece que o desconhecimento da lei não escusa o descumprimento.

Nessa ordem de considerações, pelo princípio da condição mais benéfica, que "importa na garantia de preservação, ao longo do contrato, [de condição] mais vantajosa ao trabalhador, que se reveste do caráter de direito adquirido" (DELGADO, 2019, p. 238), há sério risco de incorporar ao contrato toda vantagem paga pelo empregador ao empregado por ato unilateral, ainda que agindo em erro por seguir norma coletiva equivocada, não mais podendo a vantagem ser retirada da relação de emprego, pois o desconhecimento não exime o empregador do cumprimento da norma coletiva correta.

Dessa forma, além de estar exposto ao risco de ser processado para que observe a norma coletiva correta, seja em reclamação trabalhista individual, seja em ação coletiva patrocinada pelo sindicato profissional, o empregador pode se ver exposto ao risco de ver integrado aos contratos de emprego tudo aquilo que pagou observando a norma coletiva equivocada e, ainda, ter de suportar as obrigações previstas na CCT correta. Daí a importância de efetuar o enquadramento sindical corretamente para ter a segurança jurídica que isso significa.

Paralelamente, a título de exemplo, se a norma coletiva equivocadamente seguida prevê banco de horas e, por outro lado, a norma coletiva correta proíbe o banco de horas, a empresa empregadora pode se ver condenada a pagar todo o saldo de banco de horas com o adicional horas-extra no percentual legalmente previsto ou previsto na CCT correta, o que for mais benéfico aos empregados. A depender do número de empregados na empresa e do saldo em banco de horas, isso pode levar uma empresa à séria crise financeira.

Conclusão

Tudo considerado, vê-se que a matéria é de alta importância jurídica e financeira e sabe-se que é negligenciada na prática, expondo as empresas a riscos que podem se tornar irreversíveis.

Muitas das soluções aqui apresentadas podem ser buscadas por iniciativa própria. De toda forma, a busca de consultoria jurídica especializada pode reduzir as dificuldades e subsidiar e elevar a segurança jurídica de qualquer decisão.

Referências

BRASIL. [Constituição (1988)]. Constituição da República Federativa do Brasil de 1988. Disponível em: <http://www.planalto.gov.br/ccivil_03/constituicao/constituicao.htm>. Acesso em 02 fev. de 2022.

BRASIL. Decreto-Lei n. 4.657, de 4 de setembro de 1942. Lei de Introdução às normas do Direito Brasileiro. Disponível em: <http://www.planalto.gov.br/ccivil_03/decreto-lei/del4657.htm>. Acesso em: 09 fev. de 2022.

BRASIL. Decreto-lei n. 5.452, de 1º de maio de 1943. Aprova a Consolidação das Leis do Trabalho. Disponível em: <http://www.planalto.gov.br/ccivil_03/decreto-lei/del5452.htm>. Acesso em: 09 fev. de 2021.

BRASIL. Tribunal Superior do Trabalho. Súmula nº 374. Disponível em: <https://www.tst.jus.br/sumulas>. Acesso em: 01 fev. de 2022.

DELGADO, M. G. *Curso de Direito do Trabalho*. 18. ed. São Paulo: LTr, 2019.

MIESSA, E.; CORREIRA, H. *Súmulas e OJs do TST comentadas*. 8. ed. Salvador: JusPodivm, 2018.

5

MANUFATURA AVANÇADA
DESAFIOS E OPORTUNIDADES

No Brasil e no mundo, ao longo dos séculos, os processos de produção sofreram diversas mudanças por meio de uma intensa industrialização. Porém o uso da manufatura continua vigente e se reinventando por processos tecnológicos. Todos esses processos resultaram no que hoje é a Manufatura Avançada ou Manufatura 4.0, que se mostra cada vez mais importante para a otimização e aceleração nos processos de produções industriais. Hoje, é perceptível que a Manufatura Avançada impactou positivamente a economia mundial, melhorou de forma significativa as produções em diferentes segmentos de atuação, além de conectar dados, pessoas, serviços e sistemas, aperfeiçoando os planejamentos e minimizando os erros outrora cometidos. E tudo isso só foi possível graças à visão ampliada de seus gestores que acreditaram na força da inovação.

JERFESON SOPRANO

Jerfeson Soprano

Empresário; mestre em engenharia de processos industuiais, gestor no polo industrial de Manaus por 20 anos; MBA executivo em Gestão para alta *performance;* professor universitário dos cursos de Gestão na faculdade Estácio do Amazonas; coordenador do NAC (Núcleo de Apoio a Carreira) do Laboratório de Práticas em Gestão - LPG; Auditor líder da ISO 9000 e 14000.

Contatos
jeferson.bsoprano@gmail.com
LinkedIn: linkedin.com/in/jeferson-soprano-2942181b6/
92 99535 1748

Introdução

É fato que, ao longo dos séculos, os processos de produção mudaram, passando por uma intensa industrialização. Porém, o uso de manufatura continua vigente e se reinventando por meio da tecnologia (DOSI, 2016). E graças a essa evolução, hoje já utilizamos a Manufatura Avançada ou Manufatura 4.0, a qual será objeto deste estudo.

Dessa forma, neste trabalho entenderemos e refletiremos sobre como todo esse processo veio acontecendo, analisando sua evolução e a importância desse novo formato de manufatura avançada para a indústria atualmente.

Além de uma análise das melhorias nos processos produtivos com o auxílio das máquinas, será abordada a evolução das lideranças organizacionais, pois graças a uma visão diferenciada dos novos gestores, essa manufatura avançada pode acontecer em todos os âmbitos, ou seja, não só na parte produtiva em si como também na parte de capacitação de pessoal.

Desenvolvimento

Conceito

O termo manufatura vem do latim, *manu*, mão, e *factura*, feitio. Datada do século XV, hoje os especialistas a descrevem como sendo um sistema de fabricação de grande quantidade de produtos de forma padronizada e em série. É a prática que antecedeu à indústria, estruturando as ações de uma forma mais próxima do que a praticada no século XIX, ainda que com diferente velocidade (ACEMOGLU; RESTREPO, 2016).

Hoje o autor Rodrik (2016) a define como um sistema de fabricação de grande quantidade de produtos de forma padronizada e em série. Ele ressalta que nesse processo podem ser usadas somente as mãos (como era feito antes da Revolução Industrial) ou com a utilização de máquinas, como passou a ocorrer após a Revolução Industrial.

Nesse interim, é importante destacarmos a importância histórica da Revolução Industrial, pois ela significou um marco, ou seja, um grande avanço no processo de produção de bens. O trabalho, que no passado era exclusivamente manual (Figura 1), ao longo do tempo foi sendo realizado com o auxílio de máquinas, resultando na produção de maior quantidade de produtos em tempo menor.

Figura 1– Sapataria do séc. XVI – exemplo de manufatura. Fonte: Pereira; Simonetto (2018).

Além das máquinas, a manufatura passou a caracterizar-se pela utilização do trabalho em série (por etapas) (Figura 2) e especializado (cada trabalhador executava uma ação). A figura 3 apresenta a evolução desses processos com a chegada da primeira fase da industrialização (ALMEIDA, 2015).

Figuras 2 – Manufatura: produção com o uso de máquinas e trabalho em série.
Figura 3 – Primeira fase da industrialização. Séc XV.

É fato que a Revolução Industrial significou um grande avanço no processo de produção de bens. O trabalho exclusivamente manual foi substituído pelo uso de máquinas, resultando na produção de maior quantidade de produtos em um tempo menor. Além das máquinas, a manufatura passou a caracterizar-se pela utilização do trabalho em série (por etapas) e especializado (cada trabalhador executa uma ação) (Figura 4).

Figura 4 – Manufatura 4.0 e Revolução Industrial – Século XXI. Fonte: Abreu et al. (2017).

Apesar do nome "manufatura" ser oriundo da produção com as mãos, o processo pode ser, além de manual, feito a partir da utilização de maquinário cuja melhor utilização é oriunda da técnica da divisão do trabalho, em que cada trabalhador e maquinário passam a desenvolver apenas uma parte do projeto final, economizando, dessa forma, movimentos, resultando, portanto, em maior velocidade de produção (CARDOSO et al., 2010).

Figura 5 – Utilização de maquinário e divisão do trabalho Fonte: Coan (2016).

Com a manufatura avançada ou manufatura 4.0, foi possível permitir que as fábricas produzissem um volume maior de produtos, em menos tempo, com mais qualidade, proporcionando autonomia para o operário que se tornou responsável por gerenciar as atividades das máquinas, controlar os níveis de serviços e cuidar da manutenção.

A seguir, exemplos de produtos feitos a partir da Manufatura Avançada ou Manufatura 4.0.

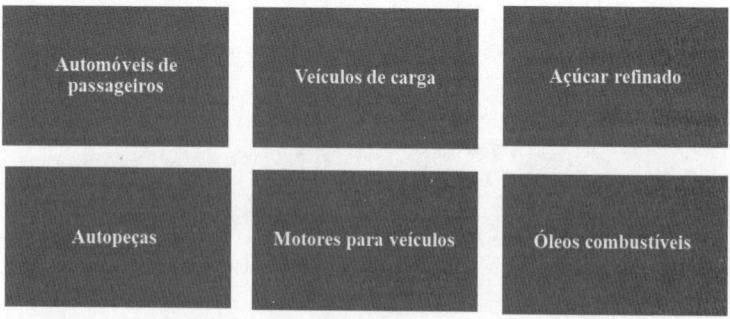

Figura 6 – Exemplos de produtos manufaturados. Fonte: Dosi (2016).

É importante destacar que a manufatura consiste em transformar matéria-prima ou partes em bens acabados, utilizando trabalho humano, ferramentas, maquinários etc.

A produção de todos esses produtos manufaturados ajuda a impulsionar o desenvolvimento, principalmente por meio de seu impacto no processo de crescimento econômico de um país.

Conforme diversos especialistas, a Manufatura Avançada traz como principal conceito a transformação das fábricas em "fábricas inteligentes", que visam justamente interagir com os funcionários avisando sobre a necessidade de algum produto ou até mesmo de alguém supervisionando o processo, tornando-se assim basicamente uma fábrica autônoma de processos, deixando apenas para a parte humana a programação dessas tecnologias (GOVERNO, ESCRITÓRIO DE PRESTAÇÃO DE CONTAS, 2017).

Benefícios da manufatura avançada

Como visto anteriormente, com uma intensa transformação nas indústrias de fabricação e atividades logísticas, a manufatura avançada conecta dados, pessoas, processos, serviços e sistemas (COAN, 2016).

A Manufatura Avançada ou Manufatura 4.0 é a definição para fábricas que estão cada vez mais inteligentes, empregando máquinas integradas que conversam entre si. Elas possuem sensores e atuadores que obtêm dados para controle e acompanhamento dos processos industriais (PISANO, 2015).

Os ativos de produção permitem o uso de informações para processos de fabricação mais inteligentes. Dessa forma, é possível apontar como principais benefícios:

1. Segurança para tarefas de maior risco.	Atividades que precisam ser realizadas em locais de difícil acesso ou que representem riscos para os colaboradores de uma empresa de montagem industrial, por exemplo, podem ser realizadas com os maquinários robóticos.
2. Alta produtividade.	O aumento na produtividade é uma das principais metas de fabricantes de pontes rolantes, entre outros produtores industriais de diversos setores.

3. Melhorias no controle de qualidade em tempo real.	As tecnologias da manufatura avançada permitem a geração e análise de dados. Com acesso em tempo real a diversas estatísticas relacionadas às atividades, é possível atingir a satisfação dos consumidores, aumentando a qualidade em cada detalhe do processo de produção.
4. Maior continuidade e mais possibilidades de monitoramento.	Nos casos em que ativos industriais quebram ou falham, o conserto costuma atrapalhar toda a linha produtiva nas empresas de moldes, para exemplificar. Com as tecnologias, esses problemas tendem a não acontecer.

Além dos pontos positivos, Abreu et al. (2017) apontam alguns desafios na implantação da manufatura avançada (Figura 7).

Apesar de ser cada vez mais popular e valorizada nos ambientes industriais, muitos empreendedores ainda encontram dificuldades para implantar a manufatura avançada em suas empresas. Nesse sentido, o principal desafio enfrentado pelos empresários é a falta de conhecimento.

Em muitas unidades fabris ainda faltam noções básicas sobre a manufatura avançada. A falta de cultura digital pode ser uma barreira para empresas de automação, por exemplo, que auxiliam os empreendimentos na adaptação às novas tecnologias.

Além da falta de conhecimento, temos como desafios o alto custo de implantação; a qualificação dos funcionários; a ausência de infraestrutura e incentivo; a inexperiência no processo de transição. Veja no fluxograma.

- ALTO CUSTO DE IMPLANTAÇÃO
- QUALIFICAÇÃO DOS FUNCIONÁRIOS
- AUSÊNCIA DE INFRAESTRUTURA E INCENTIVO
- INEXPERIÊNCIA NO PROCESSO DE TRANSIÇÃO

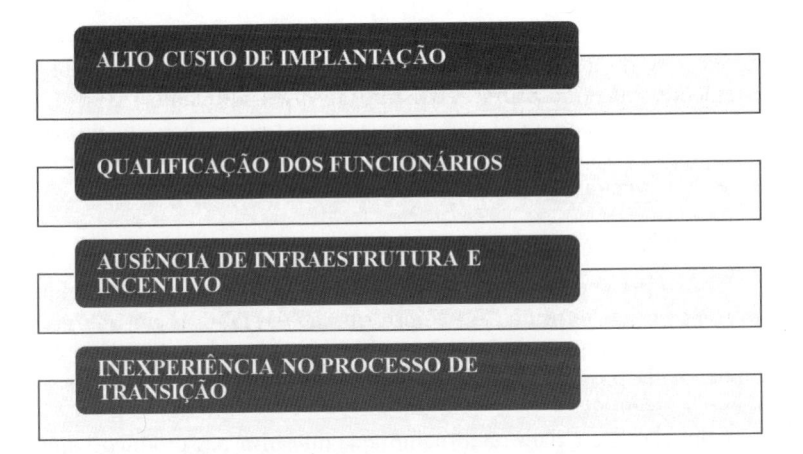

Figura 7 – Desafios na implantação da manufatura avançada. Fonte: Autor (2021), a partir de Almeida (2015).

Os gestores e a gestão da inovação

Administrar ou gerir uma empresa é uma arte que se desenvolve por um processo de dirigir ações que utilizam recursos para se atingir um determinado objetivo proposto. Sendo assim, o gestor de uma empresa assume o papel de uma ponte entre os recursos (meios) e os fins (objetivos) (ROCHA, 2019).

A evolução do mundo, principalmente quando se fala em tecnologia, faz com que mudanças significativas afetem o ambiente empresarial. Nesse ponto, entra em cena a flexibilidade e a disponibilidade do gestor em acompanhar tais transformações, muitas vezes impostas pelo mercado (TERRA, 2017).

Gerir uma empresa hoje exige que seu administrador tenha visão de futuro e consiga enxergar o futuro da organização por meio de informações e conceitos estratégicos que o permitam ver a companhia dessa forma. É muito importante que o gestor acompanhe os movimentos do mercado para não ficar atrasado em relação aos concorrentes (SCHWAB, 2018).

Para que o gestor obtenha êxito na implantação da Gestão da Inovação, é preciso que a empresa respeite algumas premissas antes de efetivamente dar início à implantação. Essas premissas envolvem o empresário e sua equipe de líderes (grupo gestor), além dos colaboradores de outros níveis, abrangendo também cuidados vinculados a infraestrutura da empresa, viabilidade econômica, entre outros (PINTEC, 2010).

Portanto, é fundamental que, de início, os líderes ou o grupo gestor devem assumir a liderança para a inovação, comprometendo-se explicitamente com todo o precesso, tanto no discurso quanto nas ações, tendo em vista que a inovação precisa estar inserida na visão e na missão da empresa, pois tem importante papel para a competitividade, lucro e sucesso da organização.

Conclusão

Com a presente pesquisa, ficou nítido que a Manufatura Avançada trouxe como visão principal a transformação das fábricas em "fábricas inteligentes", as quais utilizam a tecnologia avançada em benefício do aumento da produtividade, ou seja, ela veio para impactar positivamente a economia.

Com ela, ficou clara uma melhora significativa nas produções nos mais diversos segmentos de atuação. Sua principal proposta foi criar um planejamento eficiente, o qual minimizava os erros e os custos durante o processo, além da integração e automatização dos sistemas.

Aqui ficou nítido que o uso da manufatura avançada no setor da indústria trouxe e ainda continua trazendo grandes avanços tecnológicos, fator importante para a fabricação de produtos e serviços com mais qualidade e eficiência, que atendam de forma satisfatória um mercado cada vez mais envolto pelas grandes e importantes evoluções tecnológicas.

Em países como o Brasil, que estão distantes das fronteiras do conhecimento e carentes de tecnologia, é fundamental a manutenção de um fluxo constante de investimento em pesquisa e inovação como forma de contrabalançar a menor participação do investimento privado.

Neste trabalho ficou claro que, diante dos inúmeros benefícios resultantes da aplicação da manufatura avançada, o setor industrial possibilitou maior retorno financeiro. A conclusão é que a modernização das unidades fabris contribui para a competitividade no mercado, destacando as empresas com infraestrutura mais atualizada.

Um ponto a ser destacado é que muitas empresas se encontram estagnadas, com pouco preparo para lidar com a transição para a manufatura avançada. Entretanto, esse problema pode ser contornado com qualificação para os gestores, responsáveis pelo gerenciamento da indústria.

Referências

ABREU, C. E. A. et al. Indústria 4.0: como as empresas estão utilizando a simulação para se preparar para o futuro. *Rev. Cienc. Exatas Tecnol.*, v. 12, n. 12, pp. 49-53, 2017.

ACEMOGLU, D.; RESTREPO, P. A Corrida entre Máquina e Homem: Implicações da Tecnologia para o Crescimento, Ações de Fatores e Emprego. NBER *Working Paper Series*, n. 22.252, maio 2016.

ALMEIDA, H. Internet das Coisas: tudo conectado. Computação Brasil. *Revista da Sociedade Brasileira de Computação*. 2015.

CARDOSO R. da R. et al. *Mudanças organizacionais na adoção de tecnologias avançadas de manufatura*. Produção, v. 20, n. 4, out./dez. 2010, p. 511-523.

CARVALHO, H. G.; REIS, D. R. dos; CAVALCANTE, M. B. Gestão da inovação. Disponível em: <https://repositorio.utfpr.edu.br/jspui/bitstream/1/2057/1/gestaoinovacao.pdf>. Acesso em: 14 fev. de 2022.

COAN, J. Manufatura 4.0 e a quarta revolução industrial. Technology Leadership Council Brasil. IBM *Academy of Technology Affiliate*, n. 11 de 2016.

DOSI, G. *Mudança técnica e transformação industrial*. Campinas: Ed. Unicamp, 2016.

GOVERNO, ESCRITÓRIO DE PRESTAÇÃO DE CONTAS. *Relatório ao congresso compromete: manufatura avançada*. Washington, D.C.: GAO, abr. 2017.

PEREIRA, A.; SIMONETTO, E. de O. Indústria 4.0: conceitos e perspectivas no brasil. *Revista da Universidade Vale do Rio Verde*. v. 16, n. 1, 2018.

PISANO, G. P. Você precisa de uma estratégia de inovação. *Harvard Business Review*, v. 93, n. 6, pp. 44-54, jun. 2015.

SCHWAB, K. *A quarta Revolução Industrial*. Edripo, 2018.

ROCHA, L. C. *Criatividade e inovação: como adaptar-se às mudanças*. Rio de Janeiro: LTC, 2019.

RODRIK, D. Desindutrialização prematura. *Journal of Economic Growth*, v. 21, n. 1, pp. 1-33, mar. 2016.

TERRA, J. C. C. *Inovação: quebrando paradigmas para vencer*. São Paulo: Saraiva, 2017.

6

PARA UMA MELHOR RELAÇÃO SINDICAL NO DIA A DIA

Neste capítulo, discutiremos os princípios que norteiam o ambiente de trabalho para o equilíbrio das relações sindicais no dia a dia, como também a oportunidade de conhecer o comportamento dos indivíduos envolvidos nessa relação e construir ambientes fortalecendo a relação entre empresas e empregados e suas representações sindicais.

JOÃO GAZZOLI

João Gazzoli

Graduado em Administração de Empresas pela Universidade de Sorocaba (2004), com pós-graduação em Gestão Estratégica de Pessoas pela FGV (2005), formado em especialização de Relações Trabalhistas e Sindicais pela WCCA (Wilson Cerqueira Consultores Associados) (2009), pós-graduado em Relações do Trabalho pela Fundação Dom Cabral (2019), facilitador, professor e consultor dos cursos de especialização em Relações Sindicais e Trabalhistas da WCCA, executivo de Recursos Humanos e Relações Trabalhistas em multinacionais metalúrgicas de autopeças e montadora. Atualmente, é negociador e consultor de Relações Sindicais no SNEA (Sindicato Nacional das Empresas Aeroviárias) e consultor independente de Relações Trabalhistas e Sindicais.

Contatos
gazzoli45@icloud.com / Joao.gazzoli@wcca.com.br
Instagram: @joaogazzoli
LinkedIn: João Gazzoli

Relações sindicais no dia a dia – o início de tudo...

A evolução humana transforma de todas as maneiras e formas tudo aquilo que necessitamos para sobreviver e para o desenvolvimento de uma cultura ou nação. Dessa forma, podemos então entender que não seria diferente a evolução das relações do trabalho ao longo dos últimos séculos até os dias atuais. Transformações essas que fizeram com que empregados e empresas passassem por muitas formas de adaptação, principalmente considerando as duas últimas revoluções industriais (criação de computadores portáteis e internet; uso da tecnologia para gerar conhecimento e produtividade, mais conhecido como indústria 4.0), que fizeram com que ambos aqui representados transformassem seus ambientes, protegendo seu sustento e, também, a sobrevivência de empresas. Com o advento da 1ª Revolução Industrial, na segunda metade do século 18, mais precisamente de 1760 a 1840, a mão de obra artesanal prevalecia sem grandes volumes de produção, grandes esforços e jornadas de trabalho extensas. Porém, com o advento da utilização em meios industriais do vapor, toda e qualquer mão de obra se tornou coletiva e sem limite de idade ou gênero, dependendo de fábricas que, nessa época, não dispunham de legislação e controles de qualquer natureza entre a relação mão de obra e os "patrões". Desse desequilíbrio entre empregados e empresa, nessa época em que a maior força ou peso estava totalmente do lado das empresas, de maneira muito tímida, alguns grupos discutiam formas de melhorias ou tratamento mais humano em ambientes de trabalho, e que pudessem ser realizadas pela demonstração da maioria coletiva, por meio de movimentos de operários, chamando a atenção dos "patrões" para que, por essa pressão, pudessem atender às reinvindicações, porém, infelizmente, nesse período, conforme já destacado neste texto, não havia regras, legislação e controles, o que produzia de forma imediata repressão por parte das empresas obrigando os trabalhadores a se submeterem às irregularidades e aos excessos sem conquistar nenhum direito. Dessa forma, de maneira autêntica, deu-se início à criação dos primeiros sindicatos que representariam os operários, dando voz aos mesmos e, com certeza, realizando pressão contra empresas. Mas como a história nos mostra, desencadeou grandes movimentos que marcaram a história das relações trabalhistas em todo o mundo, por conta de uma postura ainda em desequilíbrio e por busca de justiça social e de sobrevivência.

Modelo sindical no Brasil

O modelo de sindicalismo no Brasil é conhecido como Unicidade Sindical, o que determina por meio de lei que um sindicato deve representar uma única categoria, em uma única região, e que essa representação deve ser realizada de forma externa às dependências da empresa. Dessa forma, os empregados de uma empresa em determinada região e categoria podem ser representados de maneira única por essa entidade, não podendo escolher outra forma de representação. Com essa condição legal, os sindicatos, que têm suas formações também estabelecidas pela legislação e com número de representantes para cuidar daquela região e categoria, realizam ações para implementar suas ideologias de diversas formas, o que deixa o ambiente de trabalho em sua maioria fragilizado por ações fora do contexto, mesmo a legislação definindo que a atuação sindical deve ser externa. Assim, podemos então iniciar uma análise dos atores envolvidos nessa relação para concluirmos o que se faz necessário para uma boa relação sindical.

Comportamento individual e suas características

Nos ambientes de trabalho, pessoas de todas as áreas e funções têm comportamentos diferentes ligados às características de cada indivíduo, o que pode criar impactos nos ambientes laborais. Alguns têm facilidade para mostrar aos seus gestores o que ele ou o grupo está sentindo por conta de uma alteração ocorrida no ambiente de trabalho, o que acaba dando a oportunidade à liderança de entender o que precisa ser melhorado ou alterado como forma de pressão, ou mesmo para que sejam percebidos como peça importante para que os resultados sejam alcançados. Outro modelo de comportamento do indivíduo demonstra uma forma mais analista ou de opinião mais preventiva e moderadora – preferem analisar melhor a situação e evitar se expor desnecessariamente perante uma decisão. Esse comportamento é encontrado normalmente em profissionais com alguma ascendência técnica ou moral, e os demais empregados sempre procuram esses indivíduos para ouvir o que eles podem sugerir ou aconselhar para uma decisão coletiva. Tanto o primeiro como o segundo modelo de comportamento são procurados pelos trabalhadores por conta de situações ou conflitos, em que algo incomoda o individual ou o coletivo. Por fim, há um terceiro modelo de comportamento, no qual o indivíduo no ambiente de trabalho não aparece só quando há um conflito ou algo semelhante – ele é o empregado que pelo amplo relacionamento social com os demais exerce grande influência sobre o grupo, promovendo união entre todos. Esse tipo também pode causar incertezas com suas informações ou opiniões, criando ações críticas no ambiente e desafiando os gestores de equipes. Dessa forma, os líderes e gestores/supervisores de uma empresa devem conhecer quem são esses indivíduos e construir uma forma de envolver os demais empregados nas necessidades da empresa e no controle da paz interna nos ambientes de trabalho. Caso isso não ocorra, com certeza, o sindicato rapidamente identificará esses indivíduos, convocando-os para implementar sua ideologia, controlando de forma organizada os grupos internos (CIPA, comissões de fábrica, empregados com estabilidade etc.). Reforçando que apenas os gestores de base é que conhecem muito bem seus grupos e apenas eles podem observar essas características para que, após a identificação, possam construir ações de desmobilização. Até esse momento, podemos observar que os ambientes sofreram uma transformação imensa; enquanto no século 18, com a Revolução Industrial, não tínhamos espaço e voz para apresentar nossas necessidades, nos dias atuais, após toda a industrialização e com as demandas sindicais legais criadas na década de 1930 no Brasil, nos deparamos com os ambientes precisando de maneira inversa de controle e organização para evitar que ideologias não autênticas, que se dizem defensoras de trabalhadores, mas que na verdade são defensoras de políticas sindicais, tomem força. Para isso, é necessario desenvolver gestores para identificar as fortalezas comportamentais em suas equipes para que essas sejam ferramentas de construção de um ambiente saudável, produtivo e de manutenção dos postos de trabalho. Essa inversão faz nascer e crescer nesses ambientes áreas específicas para análise de comportamentos e de construção de ações dirigidas ao ambiente fabril com aproximação aos dirigentes sindicais para compor negociações e separar de forma adequada o que é responsabilidade da empresa e o que é atuação sindical, para sustentabilidade dos negócios e, principalmente, dos empregos, ação que no início deste artigo discutíamos como sendo uma prioridade para as conquistas autênticas.

Desenvolvendo as lideranças das empresas

Após a introdução sobre o ambiente que nossos supervisores/gestores se encontram e com o modelo sindical existente em nosso país, podemos definir algumas formas de desenvolvimento das lideranças da empresa para que possam ser os reais representantes nas relações trabalhistas no ambiente de trabalho, e a base para o sucesso dessa relação entre líderes e liderados são confiança e respeito. Sem esses dois elementos, com certeza qualquer tentativa de amenizar ou preparar uma liderança será em vão, pois se o empregado não confiar em seu gestor e em sua forma racional, essa relação não terá resultados positivos para a empresa e o ambiente de trabalho. O empregado precisa acreditar na empresa, também acreditar que os gestores atuam com o intuito de construir algo em equilíbrio para ambos. Caso isso não fique visível, empresa e líder devem rever suas posições.

O que nos ensina as insatisfações nos ambientes de trabalho *versus* as relações sindicais no dia a dia

Parece em um primeiro momento que o título desta seção nos leva a um pensamento negativo e, principalmente, que as insatisfações são na verdade combustível para movimentos sindicais no ambiente de trabalho. A história e alguns estudiosos demonstram que a evolução humana sempre passou por uma insatisfação na qual o indivíduo reclamava em seus diversos ambientes, insatisfeito com algo que não atendia a seus anseios, e naturalmente essa insatisfação evoluía para uma solução prática que satisfazia momentaneamente esse indivíduo; logo que se acostumava com a inovação, acabava novamente insatisfeito por algo que já tinha sido melhorado. Fazendo uma analogia nos ambientes de trabalho, podemos afirmar que os empregados de determinada empresa são os propagadores de insatisfações de várias naturezas e, com certeza, temos que estar sempre bem atentos enquanto empresa para construir de forma evolutiva um ambiente adequado e com níveis mais baixos possíveis de insatisfações, lembrando sempre que a extinção dessas insatisfações é impossível de acontecer, por isso para o melhor controle temos que sempre ouvir, sentir e escutar nossos empregados para que ações de alavancagem conduzidas por representantes contrários às necessidades da empresa não sejam amplificadas e o controle fique em posições equivocadas às necessidades tanto dos empregados como das empresas. Vários estudos apontam que nos ambientes de trabalho podemos encontrar modelos de insatisfação, que vamos chamar aqui de "ângulo alfa", ou seja, um ângulo que não temos como mensurar, assim como não conseguimos quantificar a insatisfação de uma pessoa ou grupo, assim chamaremos de alfa 1, alfa 2 e alfa 3.

O primeiro alfa, encontrado nos ambientes produtivos ou administrativos de uma empresa, acontece em decorrência de problemas estruturais ou organizacionais que afetam os empregados, ou seja, ligados à administração e à gestão do negócio e dos processos, a esse modelo de comportamento denominamos alfa 1.

Por exemplo: insalubridade (ruído acima do normal, calor em excesso), máquinas, ferramentas sem a devida segurança para o trabalho, falta de equipamento de segurança, excesso de hora extra permanentemente, má qualidade da alimentação, assistência médica de má qualidade, transporte mal direcionado, falta de benefícios, baixos salários etc. Um ponto importante no alfa 1 é que são nessas insatisfações que os sindicatos se apegam única e exclusivamente para promover interna ou externamente suas reivindicações que podem levar a sérias consequências

Já o alfa 2, como resolvemos chamar nesta explanação, se deve às inadequações nos relacionamentos interpessoais em ambientes de trabalho, quando indivíduos não sabem se relacionar e, consequentemente, geram conflitos pessoais, criando, em alguns casos, agressões verbais e até físicas, resultando em um ambiente de autoritarismo, desprezo e omissão, o que gera, em outras palavras, o assédio moral, que não somente reflete na vida profissional, que se transforma em processos trabalhistas, mas também na vida social e, muitas vezes, na família do indivíduo. Essas relações interpessoais inadequadas se não tratadas de forma correta poderão se manifestar nos indivíduos em forma de doenças o que poderá afetar diretamente os ambientes de trabalho por ausência e produtividade baixa. No contexto das relações sindicais, as relações inadequadas foram produzidas por conflitos gerados pela falta de controle e de comportamento responsável, sendo esperado que os líderes saibam distinguir autocracia de má educação. Não queremos afirmar que não devem ser autocráticos, porém é possível ser autocrático atendendo às condições mínimas da dignidade humana; quando se ultrapassa esse limite, ele fere a autoestima de seus subordinados, gerando de forma clara o que definimos aqui como alfa 2.

A terceira forma que denominamos como alfa 3 está ligada ao social externo, é gerada na vida pessoal, familiar e social de um indivíduo, e transportada para o ambiente de trabalho, tendo que ser administrada, muitas vezes, pelas empresas e seus gestores. Essas insatisfações podem surgir pelos reflexos de uma enchente que afetou a residência de um empregado, uma doença na família, algumas desavenças familiares, uma falta de estrutura e saneamento básico. Porém pouco podemos esperar que as autoridades competentes atendam a essas insatisfações e, no final, o resultado acaba sendo responsabilidade da própria empresa.

Após analisarmos os 3 tipos de alfas descritos anteriormente, podemos afirmar que os empregados de uma empresa não separam uma insatisfação da outra e, quando as sentem, automaticamente as manifestam. Dessa maneira, precisamos entender a relação entre as 3 insatisfações informadas e analisar se entre elas existem relações que possam ser tratadas nos diversos ambiente de trabalho e, consequentemente, neutralizar da melhor forma possível. Cabe aos gestores de uma empresa equilibrar os principais fatores geradores dessas insatisfações. Mas de qual forma? Quando as relações interpessoais no ambiente de trabalho conhecidas aqui como alfa 2 são controladas e se tornam mínimas, pois existe um bom relacionamento entre gestores e suas equipes e o respeito impera nos ambientes, o que denominamos de problemas organizacionais e estruturais, ou alfa 1, com certeza serão controlados, pois ao submeter aos gestores qualquer item dessa natureza, e ele, atendê-lo, com certeza o ambiente ficará melhor para se desenvolver atividades. Consequentemente, quando os anseios dos empregados de uma empresa são atendidos e bons benefícios e programas ofertados a todos pela empresa, reduz muito as insatisfações sociais externas, ou alfa 3, e, dessa maneira, teremos um excelente ambiente de trabalho.

Concluindo, no início desse capitulo, apresentamos como as relações sindicais se tornaram presentes em nosso dia em decorrência das Revoluções Industriais, sabemos que revoluções terão possíveis desdobramentos no futuro e que alguns indivíduos terão suas características de comportamentos mais aguçadas que outros, temos a certeza de que estes mesmos indivíduos terão em suas vidas insatisfações diversas e que essas continuarão se transformando e tomando formas, e as entidades sindicais, principalmente no Brasil, continuarão existindo e tentando sobreviver a essas mudanças. Dessa forma, temos que sempre ter em mente que o controle, o respeito e o ouvir as pessoas, seja de maneira pessoal ou de maneira virtual, sempre será a melhor forma de equilíbrio das relações humanas, sociais e da continuidade das empresas e empregados nas atividades industriais, comerciais, virtuais, entre todas as existentes. Aproveite para analisar se sua empresa tem essas condições e desenvolva as mudanças necessárias para a harmonia no ambiente de trabalho.

Referências

CERQUEIRA, W. P. *A estrutura e as atipicidades do atual modelo brasileiro versus o sistema sindical clássico* . "Apostila". Curso de especialização em Relações Trabalhistas e Sindicais. Abril de 2020.

CERQUEIRA, W. P. *Entendendo o que é sindicalismo interno: a resultante natural mais a resultante ideológica afetando o clima e a gestão da produção.* "Apostila". Curso de especialização em Relações Trabalhistas e Sindicais. Setembro de 2020.

CERQUEIRA, W. P. *Sindicalismo natural: como se desenvolve internamente através das lideranças naturais.* "Apostila". Curso de especialização em Relações Trabalhistas e Sindicais. Abril de 2020.

7

O ENGAJAMENTO DO JURÍDICO PARA O SUCESSO DOS PROJETOS E METAS DENTRO DO ECOSSISTEMA DE NEGÓCIOS

O texto perpassa pela necessidade de se estabelecer uma clara comunicação interempresarial – arte tão complexa nos dias de hoje –, mormente para traçar um planejamento estratégico e dimensionar times aptos a pôr em prática projetos imbuídos no sucesso a que se almeja alcançar. Os departamentos jurídicos, sejam internos ou terceirizados, têm assumido posição de destaque de apoio na gestão corporativa, sendo um novo paradigma nas instituições e na busca de condutas que não só previnem, mas resguardam as empresas de litígios que ninguém quer enfrentar. Além disso, a interdisciplinaridade ajuda o advogado a entender melhor o ambiente, ampliando seu próprio *know-how* jurídico, sendo capaz de encontrar novas soluções e caminhos, auxiliando, inclusive, na construção de uma identidade de sucesso pelas companhias, viabilizando o "como fazer", em vez de apenas responder se pode ou se não pode fazer.

LAIRA BEATRIZ BOARETTO

Laira Beatriz Boaretto

Especialista na área de Gestão Empresarial pela UNICAMP; especialista em Direito do Trabalho, Processo do Trabalho e Previdenciário pela ESAMC-Campinas/SP; mestre em Direito pela UNIMEP (2013); especialista em Relações Sindicais e Trabalhistas pela WCCA – Wilson Cerqueira Consultores Associados (2019); extensão em *Compliance* pela FACAMP (2019). Certificada na Lei Geral de Proteção de Dados (LGPD) pela EXIN – *the global independent certification institute* for ICT Professional (2020). Extensão em Advocacia 4.0 pela Future Law e Cláusulas Contratuais pela OpiCE Blum Academy (2020). Extensão em Direito Contratual pela FGV (2020).

Contatos
www.arboaretto.adv.br
laira@arboaretto.adv.br
Facebook: arboaretto
Instagram: @arboaretto
19 99211 3553

A consultoria e a assessoria jurídica empresarial vêm se transformando, ao longo dos anos, em um indispensável braço parceiro de grande sustentabilidade na tomada das mais variadas decisões nas empresas, desde as mais complexas até as mais simples.
A inovação está no cerne da Indústria 4.0. Novos modelos de processos, ferramentas e negócios têm revolucionado mercados há muito tempo consolidados e enrijecidos, incrementando o grau de competitividade na oferta de produtos e serviços. Acentua ainda mais esse cenário de elevada competitividade um quadro macroeconômico global de constante instabilidade, com conflitos e crises recorrentes, que intensificam a necessidade das organizações em otimizar recursos e processos. **Primeira aproximação por que surge?** Por algum tempo, os departamentos jurídicos pareceram estar apartados dessa realidade, se resumindo a agentes passivos do processo, os quais sofriam com cortes e contingenciamento de recursos, sem compreender ao certo as razões e sem se envolver mais profundamente

Na observação do caminhar do direito, atualmente, é fácil compreender que o direito moderno é uma construção cuja pedra angular é o ser humano, protagonista das grandes transformações que, desfrutando de sua liberdade de pensar e agir, alcança a emancipação para a criatividade de ideias que possam somar e despertar o prazer naquilo que se faz.

Um dos grandes desafios é afastar a concepção paternalista que os empregados idealizam nas organizações. Escreve Freud na obra *O mal-estar das civilizações*:

> A convivência humana só será possível quando uma maioria mais forte que cada um se reúne contra cada um. O poder da comunidade contrapõe-se como direito ao poderio do indivíduo, condenado como força bruta. A substituição do poderio do indivíduo pela comunidade é o passo decisivo da cultura. Sua característica consiste no fato de os membros da comunidade se limitarem em suas possibilidades de satisfação, enquanto o indivíduo não conhecia tais limites.

Assim, no lugar da empresa vista como um pai, está a lei, e é essa a percepção que se deve ter, com os aspectos culturais e transformadores que a modernidade vem impondo à sociedade. "Freud atribui aos juristas a construção, para fins sociais, de uma responsabilização que é artificialmente limitada ao ego metapsicológico" (FORBES, 2011).

Assim, um dos desafios que pairam no dia a dia corporativo é a habilidade de comunicação, desde a concepção de se compreender o que a empresa deseja.

Todos os seres humanos têm a capacidade de falar e, paradoxalmente, a dificuldade de se fazer entender. Diante dessa dificuldade, todos somos iguais. E não se prenda apenas à habilidade ou falta de habilidade da comunicação entre pessoas, há que se amplificar o olhar para a comunicação entre profissões e departamentos de uma mesma empresa.

A comunicação é a troca de informações entre dois ou mais interlocutores, em que a percepção da mensagem é trabalhada pela emissão e recepção de estímulos. O processo de comunicação é representado de maneira simplificada por José Osmir Fiorelli (2008):

> A comunicação é um processo dinâmico, verbal ou não verbal, em que o emissor emite uma mensagem por um canal e recebe a resposta pelo *feedback*. Observe-se o processo comunicacional envolve aspectos internos da personalidade do emissor e do receptor, sendo influenciado pelas intenções e estado emocional dos envolvidos.

Por isso mesmo, a comunicação frequentemente se torna conflituosa pelos mais diversos fatores, como:

I. *Conflito intrapsíquico*: há um descompasso entre o que se quer comunicar e o que realmente vem a ser comunicado.
II. *Dificuldade de expressão de um dos interlocutores*: por alguma razão (emoção, timidez, falta de conhecimento etc.), a pessoa não consegue veicular a mensagem.
III. *Inadequação do canal utilizado*: a mensagem é veiculada por um canal inapropriado, como, por exemplo, uma pessoa que firma um compromisso oralmente, quando a formalidade exigia que a comunicação se desse por escrito.
IV. *Inadequação da linguagem utilizada*: o uso da linguagem formal ou informal deve ser adequada ao meio que assim exija cada uma delas. Inclui-se na adequação da linguagem a entonação apropriada ao conteúdo que se quer transmitir.

V. *Existência de ruídos na comunicação*: os ruídos são fatores que interferem de modo prejudicial na comunicação, distorcendo o sentido e o alcance da mensagem.

Quando se fala na necessidade de clareza, as buscas pelas informações corretas dimensionam como será um projeto, como será edificada estrategicamente uma defesa jurídica e até uma importante tomada de decisão que impactará a corporação. Assim, a sinergia de ideias aos objetivos deve ser harmônica evitando-se falhas, residindo aí o caráter de interdisciplinaridade do jurídico estratégico.

Estamos na era da implementação das metodologias ágeis, as quais nos auxiliam dia a dia, mas podem pecar na clareza da comunicação, não esquecendo que o seu preenchimento se dá por um ser humano.

Quantas vezes, no meio de um projeto ou ação, se percebeu que a estratégia desenhada tinha falhas por conta de informações sonegadas ou mal compreendidas? No mundo da assessoria jurídica empresarial, a coleta de informações e dados pertinentes para desenhar a melhor estratégia de ação ou defesa passa por muitas etapas, dentre elas o trânsito do operador jurídico por todos os departamentos envolvidos naquela demanda.

É muito complexa a coleta de informações e dados quando pessoas idealizam a empresa como pai, e não como uma corporação que deve crescer, se desenvolver de forma sustentável e correta, dentro de um ambiente corporativo saudável, inovador e que nos impõe as mais variadas tarefas desafiadoras para compor seus objetivos. É evidente que existem sabotadores e manipuladores que tentam ingressar nas empresas e devastar todo um trabalho de gestão e clareza de comunicação implementado, inclusive de desestruturar as bases edificadas desse difícil caminho, assim a atenção e o estado rotineiro de máximo alerta é necessário.

Por oportuno, insta salientar a importância de técnicas destinadas ao aperfeiçoamento da comunicação, desenvolvida por profissionais da área do direito, aliadas ao conhecimento de outras áreas para a atuação eficaz e segura das tarefas que lhes são confiadas.

Em pesquisa doutrinária, encontram-se algumas orientações que o departamento ou escritório de assessoria jurídica deve buscar para o desenvolvimento master de sua *expertise*:

    a. Insistir em argumentos lógicos: embora persista o risco de se chegar a conclusões erradas, baseadas em premissas corretas, a utilização de argumentação lógica pode ser pertinente para esclarecer situações poluídas por motivos puramente emocionais.

    b. Gerenciar as comunicações não verbais: esse tipo de comunicação pode ser frequentemente preponderante sobre a comunicação verbal e é composta de gestos e posturas. Quando tal comunicação não se mostrar apropriada à finalidade proposta, convém que se solicite a interrupção do comportamento indesejado, ou mesmo, que se altere a disposição física dos envolvidos.

c. Aplicar técnicas de clarificação das mensagens para estimular a comunicação. Fiorelli e Moreno sugerem uma escuta ativa, propondo as seguintes técnicas:

Técnica	Ação
Reafirmação	Repetir com as palavras de quem falou.
Paráfrase	Repetir com palavras diferentes, sempre empregando termos simples e objetivos.
Escuta	Ativa – decodificar a mensagem para os clientes.
Sumário	Condensar a mensagem.
Expansão	Repassar a mensagem elaborando e ampliando para melhorar a compreensão.
Ordenação	Ajudar a ordenar as ideias (no tempo, no espaço, por tamanho, por prioridade, por impacto financeiro etc.).
Agrupamento	Combinar ideias (por semelhança, oposição etc.).
Estruturação	Ajudar a organizar e dispor o pensamento e o discurso com coerência.
Fracionar	Dividir uma ideia em partes menores.
Generalizar	Identificar aspectos gerais.
Aprofundar	Fazer perguntas para aprofundar a compreensão de uma ideia ou de suas consequências.
Esclarecer	Formular questões para clarificar aspectos relacionados a uma ideia.

d. Estabelecer o tom da conversação: utilização de linguagem não adversarial, que evite o conflito e facilite o entendimento.

e. Administrar o momento para a comunicação: em razão de estados emocionais alterados, as pessoas podem se tornar insuscetíveis a argumentações e ponderações, motivo pelo qual é aconselhável tomar medidas que propiciem a comunicação como um pequeno intervalo, um esclarecimento no momento adequado, uma breve digressão para obter um clima favorável.

f. Ensinar e estimular a prática do *feedback*: consiste na transmissão de informações a respeito da mensagem recebida, sendo atributo de um *feedback* eficiente a especificidade, a precisão, ser fornecido no momento oportuno (a fim de não gerar mecanismos de defesa e preferência por informações quantitativas).

Na concepção de vivência em assessoria jurídica empresarial, denota-se que o êmbolo da eficácia de informações para deliberações estratégicas empresariais é a observação, o zelo e o cuidado com todos na corporação e a métrica correta dos indicadores para a coleta de dados, sem falar no olhar atento a todo o time, inobstante a posição que cada um ocupa e sua relação com a empresa.

O mais importante é nunca criar problemas secundários ante a falta de clareza e falhas de comunicação que redundaram em defeitos nos projetos.

No cenário atual, o campo empresarial enfrenta o desafio de lidar com situações que extrapolam o âmbito da capacidade técnica, sendo os gestores convidados a pensar caminhos de formação humana capazes de ajudar a compreender o manejo das relações interpessoais. Tais caminhos promovem um debate reflexivo, no intuito de problematizar o crescente aumento de impasses e desafios nos relacionamentos pessoais e sociais dentro dos espaços empresariais, onde, após o rompimento de laços, se vislumbra quase que uma "traição" aos valores praticados, dada a concepção paternalista dos empregados no mundo corporativo.

Assim, algumas ferramentas têm se mostrado fundamentais do ponto de vista estratégico e de gestão, uma delas de grande valia é o sociograma.

O sociograma foi proposto por Moreno (1974), como instrumento metodológico para estudar, medir e compreender a rede de relações que se estabelece naturalmente nos grupos. O jurídico é, inevitavelmente, um dos pilares estratégicos do desenvolvimento empresarial; assim, conhecer essa ferramenta é indispensável. Em última instância, esse instrumento indica a saúde e a patologia das relações humanas em geral e o nível de coesão e da saúde grupal.

De acordo com Moreno (1984), o sociograma é "um método de pesquisa de estruturas sociais através da medida das atrações e rejeições que existem entre os membros de um grupo. No domínio das relações interpessoais, são utilizados conceitos de significado humano, como 'escolha' e 'aversão'[...]

Por meio do sociograma, é possível fazer uso das "[...] representações gráficas das relações existentes em um grupo de indivíduos [...]". Assim, essa avaliação possibilita ao gestor observar, descrever e medir o grau de coesão grupal, ou seja, a rede de relações entre os participantes e eventuais repulsões dos componentes do grupo.

Assim, buscar provas testemunhais, colher dados para a elaboração de defesa e contratos é tarefa do departamento jurídico que deve estar imbuído de conhecimento da métrica do sociograma para a execução de suas tarefas. Obviamente, não somente esse departamento, mas os Recursos Humanos e outros departamentos estratégicos devem fazer uso de valiosa ferramenta.

Nota-se que, conhecendo com quem se lida e trabalha, entendendo como é a receptividade e o nível de compreensão das tarefas e regras que lhes são dimensionadas, permite um plano com possibilidade de êxito quase que infalível, daí a questão da importância do aspecto multidisciplinar das relações trabalhistas e sindicais dentro da empresa.

Nesse sentido, apenas para aclarar o rol de possibilidades que esta ferramenta permite, Antônio Carlos Gil (1995) ensina

[...] a obtenção, com bastante precisão, dos seguintes dados:

a. A posição que cada um dos componentes ocupa no grupo, bem como a que julga ocupar.
b. As relações de afinidade e de conflito entre os componentes do grupo.
c. A estrutura sociométrica do grupo; rede de comunicações, focos de tensões, subgrupos etc.
d. A dinâmica dos grupos: modificações dos quadros e evolução dos processos grupais.

As perspectivas de análise no ambiente corporativo ultrapassam a observação de documentos e dados, pois o sociograma amplia a visão não só para a melhoria da convivência mas parametriza qual é a direção e a intensidade das relações interpessoais de determinado grupo, e como uma estratégia de gestão deve ser desenhada, com reais possibilidades de êxito.

Dessa forma, observa-se que cada vez mais o sucesso das organizações está "ligado ao conhecimento das competências e deficiências de seus funcionários, o que possibilita o planejamento de ações que desenvolvam e estimulem o crescimento profissional" (SOUZA ; DALMAU, 2012).

A maneira como as organizações fazem a gestão dos seus colaboradores pode ser uma forma de se obter vantagem competitiva e estratégica desde que tenha por enfoque o desenvolvimento e a motivação do indivíduo. Assim, a essência do produto comercializado ou fabricado deve passar pelo conhecimento de todos e o engajamento da fábrica de uma forma diferenciada, e não no sentido paternal de ver a empresa, mas na questão de parceria a partir da interação direta das partes e compreensão da conexão do que se faz internamente com o mundo afora.

Ninguém deseja ter problemas, esse é o foco, e todos os clientes – internos e externos – desejam ser atendidos de forma eficaz, razão pela qual um diagnóstico estratégico e a real percepção da empresa e das pessoas por meio do sociograma permite a correta percepção de onde estão os problemas que interferem no dia a dia da empresa.

Esse empreendimento de ideias sempre deve passar pelo departamento jurídico, pois lamentavelmente muitas empresas enxergam esse departamento como aquele que vai solucionar demandas e conflitos, ou que vai elaborar contratos e documentos. Mas a missão deve ser mais grandiosa que isso. Quando o jurídico atua estrategicamente junto ao RH para a idealização de ferramentas que realmente afastaram possibilidade de conflito, desemboca no auxílio da tomada correta de decisões e excelente planejamento na gestão desses recursos para que os mesmos auxiliem de forma efetiva no alcance dos objetivos e metas, torna-se fundamental, então, a elaboração de um diagnóstico da situação atual da administração de recursos humanos das organizações, bem como identificação de pontos a melhorar e proposição de sugestões.

Na rotina das assessorias empresariais, é comum a percepção da diminuição de passivos judiciais, quando o departamento jurídico se mostra engajado com as rotinas da empresa, criando formas personalizadas de assessorias que culminam na harmonia e no sucesso das tomadas de decisões.

A exemplo de todo departamento corporativo, a missão principal do jurídico, seja ele terceirizado ou interno, consiste em apoiar os negócios da empresa, defendendo os interesses da organização, concentrando-se na mitigação de riscos, prestando consultas confiáveis e precisas às pessoas da organização, além de promover ética e integridade nos negócios e na condução do trabalho não só judicial, mas como apoio sólido da gestão administrativa.

Não tenho dúvidas, hoje, de que a formação do jurídico deve ser fundamentada na agregação de valores aos negócios, às pessoas e às partes interessadas, por isso conhecê-las e ter a dimensão de quem joga no time ou não é essencial.

Hoje o mercado fala em indústria 4.0, advocacia 4.0, mas as pessoas formam as instituições e é com elas que a preocupação vem se externando. Um jurídico que se coloque ao lado das demais pessoas e áreas da empresa, e acolhe-as quando ciente de quem são as pessoas do time, possibilitará condutas que afaste erros e consequências que poderiam desembocar num passivo expressivo ou destruição de todo um projeto a *priore* idealizado.

Pensamos, modernamente, que ter créditos e valores nos posicionam em destaque no mercado, e a conquista da confiança e credibilidade só se alcança em razão da seriedade, qualidade e sucesso em trabalhos realizados.

Qualquer comunicação, oral ou escrita, deverá estar apta a extrair informações (a depender do objetivo) ou transmitir ideias. O ideal é a compreensão, que perpassa pela habilidade interdisciplinar do RH com o Jurídico, receita essa em que sempre vejo sucesso.

Mas o que acontece em algumas corporações que, apesar de investir em treinamentos e implementar departamentos de *Compliance*, sofrem episódios como o veiculado na imprensa que resultou na morte de um consumidor em um supermercado (disponível em: <https://glo.bo/3DLd0At>. Acesso em: 29 jul. de 2021). Anteriormente, na mesma empresa, outro episódio trágico já havia acontecido, resultando na morte de um cão pelo segurança (disponível em: <https://bit.ly/3q3nq9Z>. Acesso em: 29 jul. de 2021).

O envolvimento do departamento jurídico com foco preventivo bem como o aprimoramento da difícil e tão complexa arte da comunicação e a visão detalhada da companhia pelos colaboradores, parceiros e até clientes, por meio de departamentos específicos como RH e Marketing, poderia engajar-se a buscar uma relação saudável e sua manutenção por meio do engajamento dos departamentos que fazem essa interface.

Os passivos que se acumulam e, não raras as vezes, os prejuízos não são apenas materiais.

Todas as vezes em que o departamento jurídico foi incluído em lugar de escuta em departamentos interdisciplinares, greves e processos judiciais foram evitados, bem como descobriu-se fatos que poderiam resultar em demandas que culminariam em processos judiciais de grande vulto para as companhias.

É relevante destacar que a perspectiva de ganhos comuns, a promessa implícita na adoção dos mesmos valores por uma família ou uma organização, é muito menos importante para a adesão do grupo do que a inexistência de comportamentos destoantes. Minha percepção como consultora assinala que assegurar comportamentos uniformes traz muito mais adesão do que acenar com ganhos generalizados. Isso acontece por um motivo muito simples: o ganho afetivo tem destaque e é o grande protagonista nesse quesito.

A complexidade das ações do homem na sociedade contemporânea faz com que os valores devam ser objeto de profunda reflexão e que se chegue a um consenso a respeito deles, estabelecendo-os e dispondo-se a segui-los. O aperfeiçoamento dos valores compreende várias etapas, duas são essenciais:

I. Identificar as regras de conduta basilares, que devem ser cumpridas e não podem ser desobedecidas.

É muito mais difícil do que possa parecer. As pessoas são continuamente fustigadas por indução de comportamentos altamente prejudiciais a seu equilíbrio emocional, trazidos pelas mais diversas formas de mídia e apresentados como sinônimos de sucesso e modernidade; as organizações sofrem assédio semelhante, lembrando-se, também, que seus decisores são pessoas – o que com elas acontece reflete-se em todas as formas de organização social.

II. Traduzir as regras basilares em linguagem do cotidiano, ajustada aos diferentes níveis cognitivos das pessoas; não se deve assumir que todos compreendem o "aparentemente óbvio" ou que são capazes de inferir o que deve ser feito; o que é intuitivo para um não o é para outro.

Nota-se que é inegável que empresas são feitas de pessoas, o que significa dizer que a capacidade de empreender e promover progresso e desenvolvimento encontra raízes na pessoa humana. A assessoria jurídica empresarial, personalizada, sabe que os problemas mais importantes de uma empresa não são os tecnológicos, e sim os sociológicos. O atual dirigente empresarial não é só um *expert* em estratégia; tem que ser, sobretudo, um humanista capaz de conhecer com profundidade e rigor os homens e as suas circunstâncias sociais que estão a sua volta para saber, verdadeiramente, como lidar com eles e evitar conflitos e demais dissabores que desaguam em passivos materiais e imateriais empresariais.

> [...] no século 21, o anseio geral, especialmente entre as pessoas com melhor formação e renda, é trabalhar por mais do que pagamento no fim do mês. Aspira-se a um trabalho que seja estimulante e agradável e que tenha significado: a ideia é fazer a diferença para tornar o mundo um lugar melhor.
> (MACKEY, J.; SISODIA, R.)

Nesse sentido, o sociograma é uma ferramenta indispensável para o real diagnóstico e facilitador de idealização de estratégias empresariais que culminam desenvolvimento, trabalho em parceria, não subserviência e prevenção de passivos e atos ilícitos.

A sustentabilidade no ambiente laboral vai além de cumprir os direitos garantidos pela legislação, é também antever problemas e entender quem faz parte do time. As organizações funcionam por meio das pessoas, que delas fazem parte e que decidem e agem em seu nome, o engajamento de departamentos estratégicos nessa vigilância é receita de sucesso na gestão.

Algumas ideias de experiência de sucesso podem ser compartilhadas:

- Concentrar e ampliar os esforços de operações legais em atividades de impacto e criar métricas que demonstrem o valor e a importância da função legal para os negócios.
- Parcerias mais próximas e mais produtivas com fornecedores/parceiros externos selecionados maximizam o valor agregado, em simbiose harmônica com os objetivos traçados.
- As ferramentas alinhadas com os processos de negócios promovem processos mais consistentes e capturam dados importantes que ajudam a administrar os negócios.
- Diversas equipes trazem recursos diferentes, fornecendo soluções legais para clientes internos que maximizam o sucesso e o valor organizacional.
- Análise quantificável de dados que fornece métricas e medições para melhorar o processo e permitir decisões mais informadas.

A ideia paternal deve ser afastada. A ideia de parceria e o real comprometimento vêm ganhando destaque nas corporações cuja lealdade e boa-fé não são palavras soltas, e sim a bússola das empresas e dos departamentos jurídicos quando das consultorias e confecção de documentos aptos a consolidar projetos e metas traçados dentro desse ecossistema sadio de negócios.

O olhar do jurídico aliado aos departamentos estratégicos tem se revelado uma segura direção, quando seu engajamento se dá na observação, na escuta, na análise e na implementação de ferramentas aptas a mitigar riscos de fraudes, greves e processos judiciais, traduzindo-se em valioso instrumento de resguardo de direitos e prevenção de litígios.

Referências

FORBES, J. *Inconsciente e responsabilidade.* Tese de doutoramento. Rio de Janeiro: UFRJ, 2011.

FIORELLI, J. O. *Psicologia aplicada ao direito.* 2. ed. São Paulo: LTr, 2008.

FREUD, S. *Das Unbenhagen in der Kultur und andere Kuturtheoretische Schifren.* Fischer, 2004.

GIL, A. C. *Métodos e técnicas de pesquisa social.* São Paulo: Atlas, 1995.

MACKEY, J.; SISODIA, R. Conscious capitalism is not an oxymoron. *Harvard Business Review.* Cambridge, 14 jan. 2019a. Acesso em: 29 jul. de 2021.

MALDONADO, V. N. (Coord.). *Advocacia 4.0.* São Paulo: RT, 2019.

MORENO, J. L. *Psicoterapia de grupo e psicodrama.* São Paulo: Mestre Jou, 1974.

SOUZA, M. F.; DALMAU, M. B. L. *Banco de talentos como ferramenta de apoio à gestão estratégica de pessoas: um estudo de caso no Tribunal de Justiça Catarinense.* Florianópolis: Fundação Boiteux, 2012, p.195.

RAVAGNANI, G.; FEIGELSON, B.; BECKER, D. B. *O advogado do amanhã: estudos em homenagem ao professor Richard Susskind.* São Paulo: RT, 2019.

VAZ, G. J. A construção dos sociogramas e a teoria dos grafos. *Rev. bras. psicodrama.* São Paulo, v. 17, n. 2, pp. 67-78, 2019. Disponível em: <http://pepsic.bvsalud.org/scielo.php?script=sci_arttet&pid=S0104-53932009000200006&lng=pt&nrm=iso>. Acesso em: 12 mai. de 2017.

8

A COOPERAÇÃO COMO ELEMENTO CENTRAL E ESTRUTURAL DOS SISTEMAS ECONÔMICOS BEM-SUCEDIDOS

O elemento central das relações trabalhistas intermediadas por representações de classes, trabalhadoras e empregadoras ou mesmo trabalhadoras diretamente com empresas empregadoras, como comprovam experiencias bem-sucedidas já consumadas em países europeus, deixa de ser o confronto, a oposição sistemática, para passar a ser a convergência, o entendimento e a soma de esforços na busca do bem comum.

MARCELO SARTORI

Marcelo Sartori

Graduado em Direito pela Pontifícia Universidade Católica de Campinas (PUC-Campinas), em1991. Especialista em Direito Empresarial pela Universidade Mackenzie e especialista em Administração de Empresas pela Fundação Armando Álvares Penteado (FAAP). Foi responsável pelo Contencioso Cível e Trabalhista de empresas nacionais e multinacionais. Atualmente, é responsável pela coordenação geral do Escritório de Advocacia Sartori.

Contatos
www.sartoriadvogados.com.br
marcelo@sartoriadvogados.com.br
19 3251 0106

A evolução das relações capital-trabalho deu-se essencialmente a partir dos processos de industrialização ocorridos em meados do século XIX, notadamente na Inglaterra, percursor da revolução industrial, modelo posteriormente replicado por outros países europeus.

Desde essa gênese, era possível observar com clareza a relação entre dois grupos muito distintos: aqueles que detinham recursos financeiros necessários ao início e à manutenção de uma atividade empresarial e aqueles que poderiam ofertar apenas sua capacidade laborativa. Essas figuras hoje são classificadas como empregados (trabalhadores) e empregadores (empreendedores).

A visão de sociedade e de mundo era bastante diferente, razão pela qual inúmeros foram os tropeços e os percalços enfrentados por esses atores vestibulares.

Dentre as incontáveis dificuldades experimentadas naquela época, podemos citar a escassez de recursos, a falta de infraestrutura e a exposição a doenças.

A assimetria entre as forças (capital-trabalho) era abissal. Ou se era muitíssimo rico ou muitíssimo pobre.

Jornadas extenuante de até 18 horas, trabalho infantil, condições insalubres, remuneração baixa, eram algumas das situações cotidianas.

Pontua-se como marco de início de transformação dessa realidade o denominado "conflito da automação de sistemas de produção", por meio do qual os trabalhadores opuseram-se a ser substituídos por máquinas.

Por conta desses contextos, os trabalhadores passaram a se organizar com o objetivo de defender suas prerrogativas. Pouco tempo depois, a livre associação passou a ser admitida, dando início às organizações de trabalhadores.

Pouco a pouco, avanços e evoluções foram sendo compreendidas e incorporadas à realidade dos trabalhadores, que passaram a usufruir de diversos tipos de benefícios e proteções sociais.

Como deixa entrever nossos livros de História, o Brasil teve um desenvolvimento tardio, experimentando uma jornada ainda mais adversa que a experimentada pelos demais países.

Até a vinda da Corte real portuguesa para o país, ocorrida no dia 22 de janeiro de 1808, o Brasil foi mantido como monopólio e colônia extrativista, essencialmente atrasada, isolada e ignorante.

Até então, o Brasil era desprovido de praticamente tudo (estradas, escolas, moedas, hospitais, bancos, organização política, integrações regionais etc.).

Poderíamos dizer que o Brasil daquela época era um aglomerado de regiões sem nenhuma forma de integração, desprovido, inclusive, de um poder político central e organizador. Se Dom João não tivesse desembarcado por essas terras, provavelmente não seríamos um país formado por 27 unidades federativas, mas sim por regiões independentes e autônomas.

Para que possamos compreender aquele contexto sob o ponto de vista das relações de trabalho, basta lembrarmos que a a cada três habitantes do país um era um escravizado. O *status* social era mensurado pelo número de escravizados e serviçais que uma família possuía.

Foi somente no final do século XIX que o Brasil adotou a abolição da escravatura e passou a experimentar uma importante transformação econômica. A atividade laborativa torna-se remunerada, atraindo imigrantes de vários países, que traziam em suas bagagens experiências profissionais e consciência de suas prerrogativas trabalhistas.

O Brasil deixa então de ser um país essencialmente agrícola em razão do surgimento das atividades industriais/manufatureiras. Os imigrantes possuíam experiência de trabalho assalariado e sabiam como se organizar.

Esses trabalhadores criam inicialmente sociedades de assistência, as quais foram sucedidas de Uniões Operárias para, finalmente, desenvolverem o embrião do movimento sindical brasileiro.

Foi somente no início do século XX que as primeiras leis trabalhistas foram alcunhadas, até que, em 1943, foi promulgada a Consolidação das Leis do Trabalho (CLT).

O país daquela época era marcado por sucessivas greves e manifestações de trabalhadores, que postulavam melhorias salariais e benefícios sociais.

Nova onda conflitiva se instala no Brasil na década de 70, com incontáveis e sucessivas greves nas indústrias paulistas. As relações capital-trabalho, como evidenciam esta breve exposição da história dos direitos trabalhistas, sempre se serviram de tensões e disputas. Cria-se, assim, uma cultura de conflitos e de oposições, muitas das vezes sistemática.

Isso, por incontáveis vezes, trouxe a ambas as partes severos prejuízos. Projetos de novas indústrias foram e continuam a ser cancelados, assim como antigos empreendimentos são abandonados. A oposição sistemática pelos trabalhadores aos legítimos interesses econômicos das empresas resta por inviabilizar qualquer negócio.

Por essa razão, compreender as profundas mudanças da realidade atual do mercado de trabalho é crucial para a sobrevivência da empresa e da própria classe trabalhadora.

O mundo do trabalho mudou e, provavelmente, continuará a mudar ao longo do tempo. A rede mundial de computadores e os incontáveis aplicativos de vendas de produtos e de serviços estão transformando de forma muito rápida as relações de trabalho.

A pandemia da covid-19 evidenciou de forma definitiva a interdependência das partes. Além do fato de um não existir sem o outro, empregador e empregado, a cooperação e não a tensão deverão ser o novo mote a ser objetivado e perseguido.

Isso quer dizer que as relações capital-trabalho precisarão ser rapidamente aprimoradas. É urgente introjetar a necessidade de ascendermos novos degraus evolutivos.

Como abordado anteriormente, historicamente a força motriz e reguladora da relação capital-trabalho sempre foi o conflito, o enfrentamento. Assim se procedeu e, em verdade, se procede ainda nos dias atuais em diversos cantos do mundo.

Ocorre que esse modelo não traz para nenhuma das partes processos de real ganho, de real evolução. As relações nesse modelo sempre se pautam pelo oportunismo, pela visão predatória, todas de curtíssimo prazo.

Entretanto, existem outros modelos sindicais muito mais elaborados e que estão sendo utilizados com sucesso ao redor do mundo.

O modelo alemão é um exemplo. Seu sistema de economia social de mercado superou as crises que abalaram o país ao longo de sua recente história, fortalecendo-o frente aos demais países da união europeia. Hoje o país é um dos três maiores exportadores globais, tem o crescimento *per capita* mais alto do mundo desenvolvido e um índice de desemprego inferior à média da eurozona.

Mas o que faz deles algo tão particular? Quais são os segredos de seu êxito?

É um sistema baseado na cooperação e no consenso e que cobre toda a teia socioeconômica, desde o setor financeiro ao industrial e ao Estado.

Pode-se dizer que a cooperação e o capitalismo são elementos complementares e não divergentes.

O consenso e a cooperação estão presentes em todas as camadas da economia alemã. Segundo Sebastian Dullien, economista do Conselho Europeu de Relações Exteriores:

> No centro estão os sindicatos e os patrões, que coordenam salário e produtividade com o objetivo de obter um aumento real dos rendimentos dos empregados como uma natural consequência, além de manter os postos de trabalho. A integração é tal que, por lei, os sindicatos estão representados no conselho de administração, participam das decisões estratégicas nas empresas.

Essa atuação que demanda consenso e cooperação pressupõe uma relação empresa/sindicato de extrema maturidade, com partes em sinergia, sem bandeiras ideológicas e com o único objetivo de se chegar a um consenso que permita a melhor solução tanto para a empresa quanto para os empregados.

No Brasil, o sindicalismo ideal ainda engatinha, a postura é, na maioria das vezes, egoísta, visando apenas o resultado presente que melhor convenha à parte, portanto, sem a maturidade necessária para a adoção do modelo alemão, tanto que causa profundo temor às empresas o simples pensamento de um representante do sindicato em seu conselho de administração.

Adicionalmente, como parte de uma estratégia de construção e manutenção do sistema produtivo-econômico como bens de interesse social, pois é da geração de riqueza e de renda que se extraem todos os frutos, temos os bancos públicos alemães que são fontes de financiamento do sistema produtivo, privilegiando empresas de pequeno e médio porte, que formam 95% de sua economia.

Diferentemente dos demais modelos europeus, o alemão objetiva planos a longo prazo, a serem concretizados por meio de forte investimento na capacitação de pessoal, alta eficiência, alta tecnologia, alto sentimento de responsabilidade social e forte regionalismo.

Como consequência, a Alemanha tem figurado entre os principais exportadores mundiais nas últimas décadas, apesar de contar com uma das mais valorizadas mãos de obra de todo o mundo.

Comprova-se assim a eficiência do modelo de cooperação entre estado, empregador e empregado, por meio do qual cada um age e interage com plena responsabilidade no que lhe cabe, cooperando ativamente com os demais na busca do bem, que é comum a todos.

Outro dado instigante é o fato de que entre as empresas com maior rendimento em todo o mundo, parte significativa delas são de origem alemã, entre elas marcas de grande tradição como Bayer, Volkswagen e Siemens.

O resultado dessa conjugação de esforços, todos a favor de todos, é que a população alemã pode desfrutar de uma das mais altas qualidades de vida do planeta.

O sistema alemão procura aliar capitalismo, altos salários e plena participação da força de trabalho.

Assim, cooperação representa: longevidade das empresas, forte rentabilização por meio da eficiência, altos salários e alta qualidade de vida.

Líderes sindicais bem-formados e bem-orientados são peças fundamentais de transformação positiva do mercado de trabalho, ocupando posição de destaque na manutenção e na apreciação dos postos de trabalho, bem como na atração, no desenvolvimento e na manutenção de empreendimentos econômicos.

Assim, a responsabilidade da liderança sindical é decisiva para o sucesso de sua representatividade classista.

Assim sendo, independentemente da tensão natural existente na relação empregatícia, certo é que o relacionamento empregado-empregador, como dito, é dependente e simbiótico, devendo primar por seus objetivos máximos e maiores, convergentes nesses pontos essenciais.

A cooperação não é mais uma opção, mas uma verdadeira necessidade de sobrevivência.

Países maduros que já consolidaram essa realidade são os menos afetados em qualquer situação adversa, perpassando sempre com danos menores, enquanto que outros, nos quais imperam conflitos, os danos sempre são maiores e de larga extensão.

Veja-se que, sob o ponto de vista econômico e pragmático, sem pontuarmos nesse momento o social e o solidário, a manutenção das empresas e dos empregos é vital à preservação dos mercados.

O mercado consumidor, lembremos, é formado pela capacidade econômica das famílias, que consomem bens e serviços.

Um mercado pobre gera uma economia pobre, da mesma forma que um mercado rico gera uma economia rica.

Assim, uma população próspera dependerá de um sistema econômico próspero. Não se ajuda o trabalhador destruindo o empregador. Atualmente, sabe-se que a cadeia econômica é sequenciada e interdependente. População pobre não consome.

Nesse particular, vale citar o exemplo histórico de Henry Ford. Quando Ford abriu sua fábrica, em 1903, seus sócios queriam aumentar o preço do Modelo T, que na época era comercializado pelos exorbitantes US$ 7 mil.

Ford acreditava que a redução de preços possibilitaria a universalização do acesso dos consumidores aos seus produtos.

Alicerçado nessa premissa, Ford buscou eficiência em seus processos, o que resultou, ao final de 1927, um Modelo T ao custo US$ 295.

Porém, os avanços no modelo capital-trabalho fordista não se encerraram aí.

Nessa mesma época, por sua livre iniciativa, dobrou o salário dos empregados que trabalhavam em sua linha de montagem, passando de US$ 2,50 por dia, um bom salário então, para US$ 5,00. Ford foi acusado de tentar destruir o capitalismo com filantropia. Entretanto, ele tinha plena consciência de seu movimento. Pretendia com isso, e logrou pleno êxito, transformar seus empregados em consumidores de automóveis.

Imagine-se a quebra de paradigma: automóvel que custava US$ 7.000,00 passou a custar US$ 295,00. O empregado que ganhava US$ 2,50/dia passou a ganhar US$ 5,00/dia.

Outras indústrias, ao observarem os benefícios que tais movimentos trouxeram para a Ford e para todo o mercado, se sentiram estimulados a aumentar salários, inaugurando-se um ciclo virtuoso de produção e de consumo que trouxe enorme prosperidade ao país.

Pode-se dizer, assim, que Ford foi diretamente responsável pela criação do mercado de consumo americano.

Isso quer dizer que interessa a todos, empregados e empregadores, a manutenção dos empregos e das empresas; por conseguinte, da renda e do poder de compra da população.

Como mercado que é, o do trabalho também está sujeito ao modulador maior, consubstanciado na relação oferta e demanda. Sem demanda por trabalhadores, não haverá a quem ofertar o trabalho, tampouco apreciá-lo.

A administração do emprego é a mais importante e definitiva variável de controle na organização da produção capitalista, pois, além de influenciar poderosamente a distribuição de renda, é a porta de acesso e a garantia de permanência dentro do sistema econômico.

O Brasil, até pouco tempo atrás, detinha limitado arsenal legal para fazer frente a qualquer adversidade de maior envergadura.

Sapientes das mazelas que a legislação e a jurisprudência impunham à sociedade em razão de sua excessiva regulação e rigidez, o poder legislativo aprovou em 13 de julho de 2017, com vigência a partir de 11 de novembro do mesmo ano, a Lei n. 13.467 – reforma trabalhista – que alterou uma vasta quantidade de dispositivos da Consolidação das Leis do Trabalho (CLT), dentre outras leis esparsas.

Das alterações e artigos acrescidos à legislação consolidada pela Lei da Reforma Trabalhista, o direito coletivo do trabalho merece especial destaque.

Como é sabido, a Constituição Federal, como norma maior, previu ao inciso XXVI, do art. 7º, o "reconhecimento das convenções e acordos coletivos de trabalho".

Entretanto, esse conceito permaneceu ao longo do tempo sujeito a subjetivismo e ao ativismo judicial.

Foram incontáveis as sentenças, inclusive dos órgãos superiores do trabalho, se posicionando contra a vontade das partes expressa aos instrumentos coletivos, ora por entenderem que as cláusulas pactuadas não eram "benéficas o suficiente", ora por entenderem "não haver contrapartida que justificasse eventual concessão", ora, ainda, por prorrogarem para além do prazo máximo legal de 2 anos a vigência de cláusulas consideradas de cunho social, desequilibrando, assim, de maneira irrecuperável, o balanço de forças da relação.

Em assim procedendo, o texto constitucional restou mortalmente prejudicado, haja vista a evidente insegurança jurídica que balizava e revestia as decisões dos tribunais trabalhistas.

Por essa razão, a reforma trabalhista foi mais que virtuosa, foi essencial; além de instrumentalizar o artigo constitucional acima referenciado, também tratou dos aspectos orbitais que malversaram tão importante recurso legal, estabelecendo:

- "No exame de convenção coletiva ou acordo coletivo de trabalho, a Justiça do Trabalho analisará exclusivamente a conformidade dos elementos essenciais do negócio jurídico, respeitado o disposto no art. 104 da Lei nº 10.406, de 10 de janeiro de 2002 (Código Civil), e balizará sua atuação pelo princípio da intervenção mínima na autonomia da vontade coletiva." (NR).
- A criação e alteração de súmulas nos tribunais passa a ser exigida a aprovação de ao menos dois terços dos ministros do Tribunal Superior do Trabalho.
- As hipóteses previstas no art. 611-A da CLT aplicam-se aos empregados portadores de diploma de nível superior e que recebam salário mensal igual ou superior a duas vezes o limite máximo dos benefícios do Regime Geral de Previdência Social.
- "Art. 611-A. A convenção coletiva e o acordo coletivo de trabalho têm prevalência sobre a lei quando, entre outros, dispuserem sobre:

I. Pacto quanto à jornada de trabalho, observados os limites constitucionais.
II. Banco de horas anual.
III. Intervalo intrajornada, respeitado o limite mínimo de trinta minutos para jornadas superiores a seis horas.
IV. Adesão ao Programa Seguro-Emprego (PSE), de que trata a Lei nº 13.189, de 19 de novembro de 2015.
V. Plano de cargos, salários e funções compatíveis com a condição pessoal do empregado, bem como identificação dos cargos que se enquadram como funções de confiança.
VI. Regulamento empresarial.
VII. Representante dos trabalhadores no local de trabalho.
VIII. Teletrabalho, regime de sobreaviso, e trabalho intermitente.
IX. Remuneração por produtividade, incluídas as gorjetas percebidas pelo empregado, e remuneração por desempenho individual.
X. Modalidade de registro de jornada de trabalho.
XI. Troca do dia de feriado.
XII. Enquadramento do grau de insalubridade.
XIII. Prorrogação de jornada em ambientes insalubres, sem licença prévia das autoridades competentes do Ministério do Trabalho.
XIV. Prêmios de incentivo em bens ou serviços, eventualmente concedidos em programas de incentivo.
XV. Participação nos lucros ou resultados da empresa.

> § 1º No exame da convenção coletiva ou do acordo coletivo de trabalho, a Justiça do Trabalho observará o disposto no § 3º do art. 8º desta Consolidação.
> § 2º A inexistência de expressa indicação de contrapartidas recíprocas em convenção coletiva ou acordo coletivo de trabalho não ensejará sua nulidade por não caracterizar um vício do negócio jurídico.
> § 3º Se for pactuada cláusula que reduza o salário ou a jornada, a convenção coletiva ou o acordo coletivo de trabalho deverão prever a proteção dos empregados contra dispensa imotivada durante o prazo de vigência do instrumento coletivo."

(...)

A negociação coletiva pôde assim ser definida como o complexo de entendimentos entre trabalhadores e empresas, ou suas representações, para estabelecer condições gerais de trabalho destinadas a regular de modo particular as relações individuais entre seus integrantes. Trata-se de um processo dialético de entendimento entre os atores representantes do capital e do trabalho.

O art. 611 da CLT define convenção coletiva como o acordo de caráter normativo, pelo qual dois ou mais Sindicatos representativos de categorias econômicas e profissionais estipulam condições de trabalho aplicáveis, no âmbito das respectivas representações, às relações individuais de trabalho. (BRASIL, 1943.)

O acordo coletivo é conceituado no § 1º do mesmo artigo 611 da CLT, ao dispor que: é facultado aos Sindicatos representativos de categorias profissionais celebrar Acordos Coletivos com uma ou mais empresas da correspondente categoria econômica, que estipulem condições de trabalho, aplicáveis no âmbito da empresa ou das acordantes respectivas relações de trabalho. (BRASIL, 1943).

Enquanto um é geral, o outro é específico. Por isso, a prevalência do acordo frente à convenção de trabalho.

Torna-se, portanto, essencial que os sindicatos profissionais sejam, de fato, comprometidos com os interesses dos representados e que encampem o caráter democrático da organização, para que seja possível alcançar um resultado útil à categoria que representa.

O rol de temas elencados no artigo 611-A da CLT não é taxativo, podendo existir outros direitos trabalhistas passíveis de flexibilização, ou melhor dizendo, de adequações e ajustes, desde que não estejam entre as proibições do artigo 611-B da CLT, que cita exaustivamente os direitos que não podem ser reduzidos por acordo ou convenção coletiva.

O art. 611-B da CLT assim dispõe:

> Constituem objeto ilícito de convenção coletiva ou de acordo coletivo de trabalho, exclusivamente, a supressão ou a redução dos seguintes direitos: I – normas de identificação profissional, inclusive as anotações na Carteira de Trabalho e Previdência Social; II – seguro-desemprego, em caso de desemprego involuntário; III – valor dos depósitos mensais e da indenização rescisória do Fundo de Garantia do Tempo de Serviço (FGTS); IV – salário mínimo; V – valor nominal do décimo terceiro salário; VI – remuneração do trabalho noturno superior a do diurno; VII – proteção do salário na

forma da lei, constituindo crime sua retenção dolosa; VIII – salário-família; IX – repouso semanal remunerado; X – remuneração do serviço extraordinário superior, no mínimo, em 50% (cinquenta por cento) a do normal; XI – número de dias de férias devidas ao empregado; XII – gozo de férias anuais remuneradas com, pelo menos, um terço a mais do que o salário normal; XIII – licença-maternidade com a duração mínima de cento e vinte dias; XIV – licença-paternidade nos termos fixados em lei; XV – proteção do mercado de trabalho da mulher, mediante incentivos específicos, nos termos da lei; XVI – aviso prévio proporcional ao tempo de serviço, sendo, no mínimo, de trinta dias, nos termos da lei; XVII – normas de saúde, higiene e segurança do trabalho previstas em lei ou em normas regulamentadoras do Ministério do Trabalho; XVIII – adicional de remuneração para as atividades penosas, insalubres ou perigosas; XIX – aposentadoria; XX – seguro contra acidentes de trabalho, a cargo do empregador; XXI – ação, quanto aos créditos resultantes das relações de trabalho, com prazo prescricional de cinco anos para os trabalhadores urbanos e rurais, até o limite de dois anos após a extinção do contrato de trabalho; XXII – proibição de qualquer discriminação no tocante a salário e critérios de admissão do trabalhador com deficiência; XXIII – proibição de trabalho noturno, perigoso ou insalubre a menores de dezoito anos e de qualquer trabalho a menores de dezesseis anos, salvo na condição de aprendiz, a partir de quatorze anos; XXIV – medidas de proteção legal de crianças e adolescentes; XXV – igualdade de direitos entre o trabalhador com vínculo empregatício permanente e o trabalhador avulso; XXVI – liberdade de associação profissional ou sindical do trabalhador, inclusive o direito de não sofrer, sem sua expressa e prévia anuência, qualquer cobrança ou desconto salarial estabelecidos em convenção coletiva ou acordo coletivo de trabalho; XXVII – direito de greve, competindo aos trabalhadores decidir sobre a oportunidade de exercê-lo e sobre os interesses que devam por meio dele defender; XXVIII – definição legal sobre os serviços ou atividades essenciais e disposições legais sobre o atendimento das necessidades inadiáveis da comunidade em caso de greve; XXIX – tributos e outros créditos de terceiros; XXX – as disposições previstas nos arts. 373-A, 390, 392, 392-A, 394, 394-A, 395, 396 e 400 desta Consolidação. Parágrafo único. Regras sobre duração do trabalho e inter-

valos não são consideradas como normas de saúde, higiene e segurança do trabalho para os fins do disposto neste artigo.
(BRASIL, 1943)

Os direitos sociais que não poderão ser objeto de supressão ou restrição por acordo ou convenção coletiva estão previstos no mencionado art. 611-B da CLT que trata basicamente de uma repetição de alguns dos incisos do art. 7º da Constituição Federal. Entretanto, a Lei n. 13.467/2017 permite que a negociação coletiva seja utilizada para a flexibilização e adequação de uma infinidade de direitos trabalhistas, cuja previsão se encontra na legislação infraconstitucional. Aí reside a grande oportunidade de melhoria de *performance*. Alguns exemplos de normas infraconstitucionais sujeitas à flexibilização: teletrabalho, regime de sobreaviso e trabalho intermitente; representante dos trabalhadores no local de trabalho; remuneração por produtividade e desempenho etc.

Dentre todos, o que merece especial destaque refere-se à produtividade e desempenho. Esses dois elementos são fatores essenciais de sobrevivência e foram, ao longo dos anos, negligenciados em razão de um entendimento social-econômico equivocado.

Isso dá uma ampla margem de disposição aos instrumentos coletivos, ao passo que também gera segurança jurídica.

Cumpre salientar que o exercício da autonomia privada coletiva é uma das maiores conquistas dos trabalhadores. Com o surgimento das negociações coletivas, as partes passaram a dirigir, ainda que timidamente no Brasil, os contornos dos contratos de trabalho, uma vez que somente as normas estatais não são suficientes para resolver todas as controvérsias originadas da relação de emprego e, nos dias atuais, avançou ainda mais, tendo em vista que o trabalhador pode derrogar parte do direito existente, objetivando manter bens maiores, quais sejam: a empresa, sua função social e o emprego.

Trata-se, portanto, de eficaz método de atualizar a legislação trabalhista em face da evolução social, buscando o crescimento econômico das empresas no mercado globalizado, garantindo meios de preservação e fomento ao emprego e à renda dos trabalhadores.

Podemos dizer que a reforma trabalhista passou a possibilitar negociações individuais e coletivas muito mais amplas, conferindo às partes autonomia para tomada de decisões em relação às próprias regulações.

Abre-se, assim, um novo capítulo nas relações sindicais, por meio do qual torna-se possível até mesmo um papel ativo das empresas e de seus sindicatos na proposição de textos coletivos que possibilitem a melhor adequação das relações de trabalho às realidades dos momentos e dos segmentos econômicos representados, trazendo aos envolvidos apreciação e valorização das empresas e dos empregos.

Somente pela cooperação franca e objetiva, que nada mais é que o agir ou interagir conjuntamente objetivando a consecução de um propósito comum, é que o Brasil, por meios de seus representantes, poderá ambicionar um nível de relacionamento capital e trabalho mais elevado e positivo, haja vista a necessidade de consciência desses atores a respeito de seus objetivos que são comuns, sendo dever de todos a construção de relações de confiança e de regras que assegurem, com equidade, seus propósitos recíprocos.

Referências

BRASIL. Decreto-lei nº 5.452, de 1 de maio de 1943. Aprova a consolidação das leis do trabalho. *Lex: coletânea de legislação: edição federal*, São Paulo, v. 7, 1943.

BRASIL. Lei n. 13.467, de 13 de julho de 2017. Altera a Consolidação das Leis do Trabalho(CLT), aprovada pelo Decreto-Lei no 5.452,de 1o de maio de 1943, e as Leis nos 6.019,de 3 de janeiro de 1974, 8.036, de 11 demaio de 1990, e 8.212, de 24 de julho de1991, a fim de adequar a legislação às novasrelações de trabalho. Disponível em: <https://www.in.gov.br/materia/-/asset_publisher/Kujrw0TZC2Mb/content/id/19173773/do1-2017-07-14-lei-no-13-467-de-13-de-julho-de-2017-19173618>. Acesso: 11 fev. de 2022.

JUSTO, M. *O segredo que faz da Alemanha a economia mais sólida do mundo*. Disponível em: <https://www.bbc.com/portuguese/noticias/2016/01/160131_segredo_alemanha_economia_ab>. Acesso em: 11 fev. de 2022.

9

O IMPACTO DO eSOCIAL NAS ÁREAS DE SAÚDE E SEGURANÇA DO TRABALHO

O eSocial vem trazendo muitas novidades nas relações de trabalho, principalmente nas práticas rotineiras das empresas, com o objetivo de simplificar a análise dos dados do empregador, possibilitando a unificação das informações previdenciárias e trabalhistas, bem como sua transmissão, validação, armazenamento e fiscalização. Frente a essa inovação, faremos uma abordagem sobre a transformação necessária na saúde e segurança do trabalho diante das inovações que traz o eSocial, uma vez que essas áreas não tinham nenhuma prática em enviar as informações antecipadas aos órgãos públicos. Dessa forma, daremos algumas abordagens necessárias para que o profissional de saúde e segurança entenda como funcionará o eSocial na prática, sua implantação, mudanças na atual estrutura de informações trabalhistas e os impactos nas relações de trabalho.

VIVIANE THOMÉ DE SOUZA

Viviane Thomé de Souza

Licenciada em Letras – Língua Portuguesa (UNINORT/2006), advogada (ESBAM/2019), técnica de segurança do trabalho (CEFET/1999), pós-graduada em Direito Constitucional (FECAF/2021), MBA em *Compliance* Trabalhista e Gestão Previdenciária (IPOG/ 2021), especialização em Relações Sindicais e Trabalhistas (WCCA Cerqueira/2022), com mais de 20 anos de experiência na área de Segurança do Trabalho no Polo Industrial de Manaus em empresa multinacional.

Contatos
vivianetsouza@hotmail.com
Instagram: @viviane.4320 / @vivi_t.souza
LinkedIn: Viviane Souza

Recordo-me que, em 2018, quando se começou a falar em eSocial, os profissionais de Departamento de Pessoal, SESMT, Serviço Médico e Setor Jurídico das empresas achavam inimaginável comunicar ao governo, de forma centralizada, diferentes informações relacionadas à rotina dos seus empregados, principalmente quando se falava em Segurança e Saúde do Trabalho. E muitas das vezes se cogitava que o eSocial acabaria, no entanto, chegamos em 2022 e os eventos de segurança estão sendo enviados em uma versão simplificada.

Era difícil imaginar as obrigações relativas a Saúde e Segurança do Trabalho (SST) sendo enviadas por meio de um sistema simplificado carregado de tantas informações pessoais e sensíveis. Como imaginar enviar ao eSocial dados do PCMSO (Programa de Controle Médico e Saúde Ocupacional) e PPRA (Programa de Prevenção de Riscos Ambientais), assim como obrigações de atestados de saúde ocupacional, absenteísmo (S2230) e acidente do trabalho (S2210)?

Marco histórico

O eSocial passou a ser obrigatório para as empresas (primeira etapa de implantação) em janeiro de 2018, e, além de dúvidas, na época trouxe um grande impacto nas rotinas diárias e aprendizagem no uso de softwares na gestão de Recursos Humanos, inclusive do eSocial. De lá para cá, outras fases já foram executadas, tornando obrigatório o cumprimento das exigências, ficando da seguinte forma:

- Janeiro de 2007, surgiu o eSocial, por meio do Decreto 6.022 que criou o Sistema Público de Escrituração Digital (SPED), com objetivo de informatizar a relação entre o Fisco e seus Contribuintes.
- Em 2009, é criado um projeto piloto para estender o SPED à área trabalhista.
- Em 2012, o SPED passa a ser chamado de eSocial.

- O Manual de Orientação do eSocial (MOS) surge em 2013 oficialmente, na versão 1.0.
- 2014 foi marcado pela prorrogação do eSocial para janeiro de 2015. Em 2015 ocorre nova prorrogação para janeiro de 2017 e divulgação do Manual de Orientação versão 2.0 e 2.1.
- Em 2017, ocorre nova prorrogação para implantação do eSocial, agora com data prevista para janeiro de 2018.
- Janeiro de 2018: oficialmente é lançado o eSocial, depois de tantas prorrogações, cumprindo a divulgação ocorrida em 2016.
- Em 2019, ocorre as substituições das obrigações acessórias e os primeiros rumores quanto à necessidade de simplificação e ao adiamento dos eventos de Saúde e Segurança do Trabalho.
- Em 2020, em meio ao cenário pandêmico, ocorre nova prorrogação e a confirmação da simplificação do eSocial.
- Finalmente, em outubro de 2021, inicia a obrigatoriedade de envio dos eventos de Saúde e Segurança do Trabalho (SST) para as empresas do Grupo 1. Em cumprimento à Portaria Conjunta SERFB/SEPRT/ME nº 71, de junho de 2021.

Somente a partir de julho de 2019, as informações de segurança e saúde ocupacional se tornam obrigatórias ao sistema do governo. Trazendo certa inquietação aos profissionais de saúde e segurança do trabalho; a partir dessa exigência, deveria haver uma mudança de comportamento e controle eficaz das informações nas empresas que até então aguardavam a fiscalização bater à porta do empregador ou ainda apresentava somente em ações trabalhistas quando exigido. Muitas vezes esses documentos eram guardados e renovados anualmente, mas sem a devida tratativa legal. Sem falar da falta de sincronia existente entre os setores e profissionais das áreas de recursos humanos (RH), segurança (SESMT) e saúde (Serviço Médico) na elaboração e manutenção das informações de seus funcionários para cumprimento da legislação trabalhista ou previdenciária, haja vista que cada um só se "preocupava ou se preocupa" somente com sua atividade, sem sequer saber se as informações se completam no envio de cada evento ao governo ou apresentado nas fiscalizações dos órgãos governamentais, pois cada um entende que são informações isoladas de cada departamento, quando na verdade deve ser garantido o cumprimento legal como um todo por todos os setores, não em parte, para salvaguardar defesa da empresa.

O papel do RH na entrega das obrigações

No sentido de cumprimento das obrigações voltadas à segurança do trabalho ao eSocial, o RH tem papel fundamental no *compliance* fiscal, pois precisa garantir o cumprimento dos processos. Uma vez que ele é o responsável direto em gerenciar as demais verbas dos funcionários a partir do vínculo empregatício. Mas vale destacar que se faz necessário mudar a mentalidade dos profissionais de RH, pois agora eles também precisam se preocupar não só na administração de cálculos de folhas de pagamentos, mas também ficar alerta para o contexto dos envios de obrigações voltadas à área de Saúde e Segurança do Trabalho, a exemplo do registro de acidentes de trabalho, fatores de riscos ambientais e as especificidades dos serviços, quanto à periculosidade e insalubridade, absenteísmo, que refletem diretamente na folha de pagamento dos funcionários e, se não forem realizados de forma integrada, podem gerar divergência nos dados e multas para a empresa, sem falar nos passivos trabalhistas por inconsistência de informações. E vice-versa para os profissionais de segurança do trabalho e saúde ocupacional.

Reflexos financeiros com multas e penalidades

O contribuinte/empregador/órgão público precisa entender que as obrigações de SST (saúde e segurança do trabalho) geram penalidades, caso os prazos e as exigências não sejam cumpridas conforme previsto na legislação. Lembrando que o eSocial não é uma legislação nova, mas sim um sistema padronizado de envio on-line das informações para o governo.

Nesse sentido, vale destacar que a aplicação de multas depende do tipo de descumprimento legal da obrigação, mas também destaco o risco de ações judiciais no âmbito trabalhista.

Dessa forma, ressalto a importância de manter a regularidade na execução dos processos e de se fazer uma análise crítica no cumprimento das obrigações legais realizadas pela segurança do trabalho e saúde ocupacional para atendimento e envio das informações ao eSocial. Chega de manter dados e registros em pastas e arquivos físicos, pois a partir da necessidade de envio dos dados eletrônicos, se faz urgente uma base de registros organizada e padronizada, com apoio de um sistema eletrônico (*software*) completo para gerar e transmitir os eventos ao eSocial.

Atenção com a fiscalização a partir do envio dos eventos

O decreto n. 8.373/2014 instituiu o eSocial com o objetivo de envio das obrigações previdenciárias e trabalhistas ao governo. Diferente do que ocorre atualmente nas rotinas de segurança do trabalho e saúde ocupacional. Dessa forma, será necessário mudança nas rotinas de trabalho. Com a obrigatoriedade de envio dos eventos de SST, teremos envio de carga inicial para cada trabalhador com vinculo ativo, uma vez que tais informações tem como objetivo a substituição da Comunicação de Acidente do Trabalho (CAT) e Perfil Profissiográfico Previdenciário (PPP) em atendimento à Portaria SEPRT nº 4.334, de abril de 2021, e à Portaria MTP nº 313, de setembro de 2021.

A partir do envio dos eventos de Saúde e Segurança do Trabalho, os dados informados poderão facilmente ser cruzados para identificar inconsistências, entre eles o envio de informações fora do prazo legal, a exemplo da Comunicação de Acidente do Trabalho que possui prazo de envio no primeiro dia útil após sua ocorrência, que algumas empresas possuem dificuldades para cumprir esse prazo. A tendência é que os autos de infração cheguem de forma automática por e-mail, uma vez que os órgãos de fiscalização terão acesso às informações. E quem sabe futuramente não sejam realizados convênios com o Ministério Público do Trabalho e a Justiça do Trabalho, a fim de identificar procedimentos inadequados dos empregadores, entre eles admissão sem realização de Atestado de Saúde Ocupacional (ASO) ou afastamento por acidente do trabalho sem emissão de Comunicação de Acidente do Trabalho (CAT).

As empresas precisam realizar de forma continua uma análise crítica em seus processos e avaliação dos riscos do negócio. Começando pelo mapeamento dos processos, avaliação dos prazos, revendo e até criando procedimentos para que todos os processos sejam cumpridos de acordo com cada legislação. É inegável que o trabalho é extenso, mas necessário para evitar multas administrativas e condenações judiciais que possam onerar ainda mais a vida financeira da empresa, por conta de irregularidades identificadas nos processos, e ir muito além dos portões e atingir a imagem da empresa e sua reputação perante à sociedade e órgãos públicos.

Importância do *compliance* com foco no eSocial

Importante destacar que o *compliance* rege a conformidade legal no cumprimento de obrigações fiscais, trabalhistas e previdenciárias. E passa a ser de suma importância para as empresas na organização dos seus processos e dados para entrega de cada evento ao eSocial. Portanto, requer uma análise mais crítica em todos os processos por uma equipe multidisciplinar composta de membros dos setores: jurídico, recursos humanos, medicina do trabalho, segurança do trabalho e, participação continua do setor de TI para auxiliar na escolha de um sistema que possibilite os envios das informações ao governo.

As leis trabalhistas são muito complexas e precisam acompanhar o dinamismo das relações de trabalho. Dessa forma, o cenário requer dedicação, esforço e energia dos profissionais para o cumprimento das leis. O objetivo do *compliance* é eliminar passivos trabalhistas, pois ao atuar de forma contínua e diária no cumprimento normativo todas as relações de trabalho serão corrigidas. Dessa forma, um bom *compliance* trabalhista requer um bom planejamento estratégico, pois a empresa em conformidade com a lei garante não apenas menos processos e prejuízos financeiros, mas melhora sua imagem na visão da sociedade e de seus funcionários, consequentemente, aumentando sua produtividade e seu crescimento.

Lembrando que não houve alteração na legislação trabalhista ou previdenciária a partir do eSocial. Na verdade, houve uma necessidade do governo em melhorar seus controles na recepção e avaliação das informações por meio da tecnologia que pudesse facilitar a auditoria das informações e perceber de forma mais rápida o descumprimento de prazos e obrigações por parte das empresas.

Importante deixar claro que não há obrigatoriedade de se implantar um programa de *compliance* na empresa, mas o programa possibilita a identificação de desvios nos processos trabalhistas e previdenciários em desacordo com a legislação vigente e busca corrigir essas falhas para minimizar os riscos do empregador no recebimento de multas e sanções por descumprimento legal.

Não resta dúvidas de que, com o eSocial em vigor, a empresa fica mais vulnerável ao fisco, pois são enviadas diariamente informações digitais ao governo e fica disponível a consulta de diferentes órgãos que, ao perceberem divergência de informações ou ações que contrariem dispositivo legal, poderá resultar em multas altíssimas e fiscalizações imediatas, ou, quem sabe, de forma on-line.

Reforçada a necessidade de se evitar falhas nos processos e o enorme volume de informações a serem transmitidas e fiscalizadas diariamente, por que não implantar um programa de *compliance* a fim de se corrigir processos, sistematizar rotinas, cumprir procedimentos e controles internos que possam dar certeza de que todos os departamentos cumpram seus processos conforme o estabelecido nos procedimentos internos e a legislação vigente?

O grande desafio das empresas é garantir o envio correto das informações ao governo por todos os departamentos envolvidos. A mudança de cultura na empresa é necessária, e a conscientização dos profissionais especializados em cada processo e departamento urge para que eles entendam a responsabilidade em enviar eventos validos.

Na verdade, o programa de *compliance* não é a solução para todas as empresas, o que na verdade precisa ser priorizado é a reavaliação dos processos, mapeamento dos problemas e indicação de soluções de acordo com a realizada em cada organização, pois a estratégia para evitar multas e sanções é enviar ao eSocial dados corretos desde a primeira carga de informações em saúde e segurança do trabalho. Após seu envio, outros órgãos, como o Ministério do Trabalho e a Previdência Social, terão acesso aos dados da empresa e poderão verificar o cumprimento de suas obrigações legais e, principalmente, o recolhimento dessas obrigações.

Práticas adequadas no programa de *compliance* para o eSocial

- Mapear seus processos de trabalho atual e analisar se todos cumprem os requisitos legais vigentes.
- Monitorar indicadores de controle e avaliar mês a mês os resultados, promovendo melhorias nos processos e correções necessárias.
- Analisar os riscos do processo e definir procedimentos que evitem ameaças.
- Capacitar a equipe responsável pelo envio dos eventos e deixar claro o papel e a importância de se cumprir corretamente cada etapa.
- Manter um padrão de auditoria dos processos.
- Criar rotina de monitoramento de mudanças ocorridas na legislação trabalhista e previdenciária, principalmente nas mudanças de requisitos do eSocial, e implementá-las.

Considerações finais

A reflexão que deve ficar após a leitura deste artigo é se sua empresa cumpre na íntegra todas as obrigações trabalhistas e previdenciárias, se ela faz o recolhimento tributário devido e cumpre seus processos integrados com os demais setores. A partir do eSocial, se faz necessária uma mudança de comportamento e uma gestão mais eficiente dos processos, não sendo mais cabível que cada departamento trabalhe de forma isolada.

Por meio do eSocial, os eventos de saúde e segurança do trabalho serão encaminhados à Receita Federal do Brasil, à Previdência Social, à Caixa Econômica Federal e ao Ministério do Trabalho e Emprego e, por que não, mais à frente, até à Justiça do Trabalho, a partir de identificação de irregularidades. Veja o impacto que sua empresa pode ter tanto positivo quanto negativo, uma vez que o órgão terá à disposição os dados necessários para se ampliar o processo de fiscalização na sua empresa de forma mais célere.

Vale salientar que o eSocial não modifica as leis trabalhistas existentes ou que, porventura, estão sendo implementadas, a mudança se restringe única e exclusivamente à forma como as informações são enviadas ao governo. É importante destacar que todo dispositivo constitucional sancionado passou a ser incorporado pelo sistema.

O objetivo deste artigo é conscientizá-los de que o projeto do governo é viabilizar a garantia de direitos trabalhistas e previdenciários dos trabalhadores, simplificar o cumprimento das obrigações e aprimorar a qualidade das informações das relações de trabalho, previdenciárias e fiscais. Uma vez que tornarão as informações mais confiáveis e transparentes, fato que só será efetivamente comprovado no decurso dos anos, após maturação sobre o assunto. Mas, nesse momento, cabe uma análise aprofundada de seus processos a fim de minimizar um aumento significativo em seus passivos trabalhistas.

Dito isso, vamos iniciar a análise de nossos processos e nos preparar para o envio sem erros e inconsistências dos eventos de saúde e segurança do trabalho ao governo. Lembre-se que é importante que sua empresa esteja adequada para o eSocial, e essa preparação, com certeza, será um grande ganho de tempo e aprendizado!

Referências

ALVES, P. M. *O impacto do eSocial na fiscalização trabalhista*. Disponível em: <https://www.soutocorrea.com.br/noticias/o-impacto-do-esocial-na-fiscalizacao-trabalhista/>. Acesso em: 21 jan. de 2022.

BASTOS, E.; GARCIA, P. *eSocial: Ministério do trabalho investe milhões para fiscalizar empresas*. e-Auditoria, 28 ago. 2017. Disponível em: <http://www.e-auditoria.com.br/publicacoes/artigos/fiscalizacao-atraves-do-esocial/>. Acesso em: 21 jan. de 2022.

BRASIL. *Documentação técnica eSocial*: Disponível em: <https://www.gov.br/esocial/pt-br/documentacao-tecnica>. Acesso em: 10 dez. de 2021.

BRASIL, eSocial. Website, versão do Sistema: 13.3.2 (18/10/2021). Disponível em: <https://www.gov.br/esocial/pt-br>. Acesso em: 21 jan. de 2022.

BRASIL. Ministério do Trabalho. Disponível em: <https://www.gov.br/trabalho/pt-br>. Acesso em: 05 jul. de 2021.

CAMARDELLI, F. Antes e depois do eSocial: tudo que você precisa saber sobre a nova realidade das empresas brasileiras. *eFlow News*, 25 abril 2018. Disponível em: <https://www.eflow.com.br/antes-e-depois-do-esocial/>. Acesso em: 21 jan. de 2022

JUNIOR, R. *eSocial: obrigatoriedades para saúde e segurança do trabalho. Jornal contábil.* Disponível em: <https://www.jornalcontabil.com.br/esocial-obrigatoriedades-para-saude-e-seguranca-do-trabalho/>. Acesso em: 21 jan. de 2022.

LEGISWEB. *Instrução normatica inss 77.* Disponível em: <https://www.legisweb.com.br/legislacao/?id=78445>. Acesso em: 20 jun. de 2021.

PACHECO FILHO, J. G.; KRUGER, S. *eSocial modernidade na prestação de informações ao governo federal.* São Paulo: Atlas S.a., 2015. 370 p.

PERINI, M.; VERONA, M. P. eSocial: Manual para o RH. Metadados, 22 fev. 2021. Disponível em: <https://www.metadados.com.br/blog/esocial>. Acesso em: 21 jan. de 2022.

SST. *Descubra o passo a passo para se tornar especialista em SST no novo eSocial.* Disponível em: <http://www.sstonline.com.br/especialista-em-sst-no-esocial/?utm_source=Bolg&utm_medium=post&utm_campaign=cartaz-blog>. Acesso em: 15 jul. de 2021.

TOKARNIA, M. Primeira fase de implantação do eSocial para empresas começa hoje. *Agência Brasil,* 08 Jan. de 2018. Disponível em: <https://agenciabrasil.ebc.com.br/economia/noticia/2018-01/primeira-fase-de-implantacao-do-esocial-comeca-hoje>. Acesso em: 21 jan. de 2022.